LA SABIDURÍA
DE LOS PADRES DEL DESIERTO

NUEVA ALIANZA MINOR

3

ANSELM GRÜN

LA SABIDURÍA
DE LOS PADRES
DEL DESIERTO

El cielo comienza en ti

UNDÉCIMA EDICIÓN
REVISADA Y AUMENTADA

EDICIONES SÍGUEME
SALAMANCA
2024

Imagen de cubierta realizada por José María de la Torre, 1971

Tradujo Pablo García sobre el original alemán *Der Himmel beginnt in dir. Das Wissen der Wüstenvater für heute*

© Verlag Herder, Freiburg im Breisgau, 1994
© Ediciones Sígueme S.A.U., 2000
    C/ García Tejado, 23-27 - E-37007 Salamanca / España
    Tlf.: (+34) 923 218 203 - ediciones@sigueme.es
    www.sigueme.es

ISBN: 978-84-301-2220-2
Depósito legal: S. 265-2021
Impreso en España / Unión Europea
Imprenta Kadmos, Salamanca

CONTENIDO

INTRODUCCIÓN

Hace poco, estuve hojeando una revista profesional y me sorprendió ver que el autor de un artículo sobre los problemas de dirección en las empresas comenzaba narrando una historia de los primeros monjes. Llama la atención que los directivos encuentren hoy una ayuda para su vida y su trabajo en los a menudo sorprendentes apotegmas, palabras, dichos o sentencias de aquellos monjes presentados en forma de breves narraciones.

Al igual que hace algunos años se pusieron de moda los *koans* budistas[1], en la actualidad se comienza a descubrir la sabiduría de los padres del desierto. En efecto, los psicólogos se interesan por las experiencias de los antiguos monjes, por sus métodos para observar y analizar los pensamientos y las emociones. Tienen la sensación de que ellos no hablan en abstrac-

---

1. Los *koans* (del chino *kung-an*, anuncio o aviso público) se basan en anécdotas de los maestros del *zen*. Se cuentan unos mil setecientos *koans*. En el budismo *zen* de Japón, *koan* es una sentencia o cuestión paradójica usada como disciplina de meditación para novicios. El esfuerzo para resolver un *koan* pretende agotar el intelecto analítico y la voluntad egoísta, preparando la mente para dar una respuesta apropiada a nivel intuitivo. Cada uno de estos ejercicios enseña también algún aspecto de la experiencia *zen* y constituye un test de la competencia del novicio [N. del T.].

to del ser humano o de Dios, sino que transmiten un genuino conocimiento de sí mismos y una auténtica experiencia trascendente.

La Iglesia haría bien, asimismo, en tomar en serio estas fuentes primitivas de su espiritualidad. Sin lugar a dudas constituiría una mejor respuesta a las aspiraciones espirituales del mundo actual que una teología moralizante, que durante los últimos siglos ha resultado tan paralizadora. La espiritualidad de los primeros monjes es mistagógica, esto es, introduce en el secreto de Dios y en el del ser humano. Igual que la antigua medicina consideró la dietética (el arte de una vida sana) su tarea más importante, los monjes entienden las indicaciones sobre las prácticas ascéticas y espirituales como la introducción en el arte de una vida sana. Así pues, en cuanto vamos a decir a lo largo de este libro beberemos, como de rica fuente, de la espiritualidad tal como la vivieron los antiguos monjes entre los siglos IV y VII de nuestra era.

Hacia el 270 d.C., el joven Antonio, que rondaba los veinte años, escuchó en la liturgia esta invitación de Jesús: «Anda, vende lo que tienes, dales el dinero a los pobres y así tendrás un tesoro duradero en el cielo. Luego, ven y sígueme» (Mc 10, 21). Estas palabras le llegaron al corazón de tal manera que enseguida decidió vender sus posesiones y retirarse al desierto. Primero se encerró en un castillo abandonado, sin ningún contacto con el mundo exterior. Allí permaneció a solas con Dios. Pero se encontró no solamente con Dios, sino también consigo mismo. Y experimentó una rebelión interior. Tuvo que confrontarse con sus sombras.

Los viajeros que pasaban junto al castillo oían dentro una gran pelea. Era la lucha contra los demonios, contra las fuerzas del abismo, semejantes a fieras salvajes. Los demonios se lanzaban sobre Antonio con gran griterío, pero él resistía. Confiaba en la asistencia de Dios, aguantaba la lucha.

Cuando al final los peregrinos entraron por la fuerza en el castillo, hallaron a un hombre «iniciado en profundos secretos y enamorado de Dios», como le describe Atanasio de Alejandría en el famoso libro que escribió sobre su vida: «El aspecto de su interior era limpio. No se había vuelto huraño ni melancólico, ni inmoderado en su alegría, ni tampoco tuvo que luchar con la risa o la timidez. Como la visión de los grandes misterios no le desconcertó, no se percibía su satisfacción en que tantos vinieran a saludarlo. Antonio era más bien todo equilibrio, guiado ponderadamente por su meditación y seguro en su particular estilo de vida. A muchos que padecían dolencias corporales el Señor los curó por medio de él. A otros los liberó de los demonios. Dios había concedido también a nuestro Antonio una gran amabilidad en su conversación. Así, consoló a muchos tristes, a otros que estaban enemistados los reconcilió, de tal modo que recobraron la amistad» (Athanasius, 705).

Antonio se interna aún más en el desierto, pero tampoco allí permanece solo. Su ejemplo crea escuela. En torno al año 300 vemos por todas partes ermitaños en el desierto. Muchos son discípulos de Antonio; otros se han hecho monjes sin depender de él. El ansia por encontrar a Dios en la soledad era tan fuerte en aquella época, que por todas partes surgieron «grutas», celdas monacales, a cierta distancia unas de otras. Era el tiempo en que el cristianismo se hizo religión del Estado y se debilitó la fe. Entonces los monjes, como los mártires, quisieron ser testigos de la fe por medio de un seguimiento radical de Cristo. Así surgieron, en distintos lugares, los movimientos monacales.

Estos tuvieron su raíz en los círculos ascéticos de los primeros cristianos. Y es que la primitiva Iglesia estaba, por lo general, tan proyectada hacia el más allá, que casi podría decirse que entonces todos eran monjes. En el siglo II los ascetas constituían el centro de las comunidades, alrededor de las cuales acudían en masa los fieles para resistir como cristianos en la atmósfera hostil del Imperio romano.

Pero es a partir del siglo III cuando puede constatarse ya el movimiento monacal. Los monjes se asientan a la vez en distintos lugares, primero en despoblados, luego en el desierto. Los especialistas no se ponen de acuerdo sobre los orígenes del monacato. Está claro que no procede tan solo de fuentes cristianas. La Biblia no invita al monacato. El monacato es un fenómeno general humano, que se da en todas las religiones. En el hombre hay una nostalgia original de Dios, de vivir solo para Dios, de prepararse, a través de la ascesis y de la fuga del mundo, para la visión de Dios, para unirse con Dios. Los monjes cristianos sintieron esta nostalgia y la interpretaron siempre a la luz de la Biblia. En la Sagrada Escritura hallaron el fundamento para seguir de forma radical a Cristo. Pero tuvo también su importancia la filosofía griega. Numerosas ideas y prácticas de los monjes se asemejan, por ejemplo, a las de los pitagóricos. La vinculación de la ascesis con la mística es típicamente griega. El mismo vocabulario ascético, tan rico, procede en gran parte «de la filosofía popular helénica» (Heussi, 292). Así, palabras como «asceta», «anacoreta» (retirado del mundo), «monje» (*monakos*, esto es, uno que se separa), «cenobio» (comunidad de monjes) y muchas otras.

Hacia el año 300, acudían monjes al desierto desde todas partes. Allí trabajaban y oraban durante todo el día, ayunaban y se emulaban unos a otros. Ellos no inventaron la vida ascética, sino que adoptaron sus prácticas de otros movimientos religiosos. Sin el conocimiento de la ascesis, su vida especial en el desierto habría terminado en un trastorno psíquico primero y en la demencia después. Los monjes tomaron la sabiduría y la experiencia que ascetas de todas las religiones y de los círculos filosóficos habían acumulado ya anteriormente. Solo así pudieron permanecer en continua soledad y vigilancia y en constante búsqueda de Dios, para alcanzar de ese modo un gran conocimiento del ser humano y un verdadero rastro de Dios.

Los padres del monacato fueron como los psicólogos de su tiempo. En la soledad, observaban y analizaban sus pensamientos y sus sentimientos; durante el domingo, al reunirse para celebrar la eucaristía, trataban con el abad[2], su padre espiritual, buscando no

2. En el original, para decir «abad», Grün no usa la palabra alemana *Abt*, sino unas veces *abba* (en griego) y otras *abbas* (en latín). En cualquier caso, la palabra «abad» siempre significa «padre». En nuestra traducción usamos únicamente el término «abad» [N. del T.].

dejarse engañar en sus luchas. Dialogaban sobre sus pensamientos y sentimientos, sobre su estilo peculiar de vida y sobre su camino hacia Dios. Así surgió la denominada confesión de los monjes, la cual, más que el perdón de los pecados, buscaba un acompañamiento espiritual para la dirección de las almas. Se trataba de una anticipación del coloquio terapéutico, tal como ha sido desarrollado por la psicología moderna. De las ciudades, incluso de más allá de los mares, de Roma, innumerables fieles acudían a aquellos solitarios que se habían apartado del mundo, para pedir su consejo. Algo parecido a como tantos buscadores de la verdad peregrinan hoy en día a la India, a los gurús. Tenían la sensación de que, en ese desierto, vivían individuos que sabían lo que es ser hombre y que hablaban de Dios con autenticidad, porque lo habían experimentado.

En el año 323, el abad Pacomio fundó un monasterio junto a Tabennisi, en el desierto de Egipto. Mientras que los ermitaños apenas se relacionaban unos con otros, Pacomio fue el primero en crear una comunidad de monjes. Así surgieron grandes monasterios de hasta más de mil monjes rígidamente organizados, modelo para todos los que luego, tanto en Oriente como en Occidente, irían apareciendo sin cesar por todas partes. Hasta que en la fundación de Benito de Nursia, en Montecasino, alcanzaron su apogeo histórico. En estos monasterios vivieron conscientemente su fe cristiana en comunidad. La nostalgia por la primitiva Iglesia, por aquella comunidad en la que, como afirma san Lucas, «todos eran un solo corazón y una sola alma, y lo tenían todo en común» (Hch 4, 32-35), es lo que movió a los monjes a buscar juntos a Dios.

La comunidad de gentes de distintas clases sociales y razas, precisamente en aquella época de pueblos transhumantes, fue un signo de que el Reino de Dios había llegado. Aunque apartados en soledad, los monjes marcaron al mundo como ninguna otra fuerza de la Antigüedad. Benito, que en medio de la inestabilidad de su tiempo había fundado un pequeño monasterio sobre el monte Casino, llegó a ser «el padre de Occidente». Y los monasterios que vivieron de acuerdo con su regla dejaron, con su oración y su trabajo, una profunda huella en la cultura de las naciones, desarrollando un determinado estilo de vida que, durante largo tiempo, caracterizó a Europa.

Ya en la segunda mitad del siglo IV, los monjes comenzaron a intercambiarse los dichos de los grandes padres antiguos. Aunque pronunciado en una situación concreta en respuesta a una cuestión particular, «se ve claramente que el dicho (apotegma) del padre, lleno de espíritu, tenía un significado mucho más amplio y rico. No se hizo ninguna colección de esos dichos, pero poco a poco fueron surgiendo amplias recopilaciones de los mismos, que gozaron de una gran difusión en la cristiandad. Solamente de manuscritos griegos se tiene constancia de unos ciento sesenta» (Miller, 17).

De esos dichos de los padres queremos escoger nosotros para cuanto vamos a decir aquí. En ellos uno tiene la sensación de que proceden de la experiencia, de que no se quedan en simple teoría. Sus palabras orientan y están llenas de sabio conocimiento. Pero en sus enseñanzas no vemos ninguna máxima general que sea siempre y en toda circunstancia válida para la vida. En todo momento responden a situaciones concretas: una palabra para este que pregunta, un camino terapéutico para este otro en particular... Por eso muchas de sus expresiones son parciales y exageradas. «Aquí no se dicen de una vez para siempre verdades válidas para todos. Están pensadas para un hombre determinado, en una situación particular, como aguijón que lo avive y estimule a ser lo que, en ese momento, debe ser, y esto inmediatamente, hoy, no mañana» (Sartory, 11).

Lo que se nos ha transmitido en los apotegmas, pronunciados en situaciones muy concretas, fue descrito de forma sistemática por Evagrio Póntico (345-399). Evagrio (en latín, *Evagrius*) era griego y un teólogo muy culto. Para evitar ciertas tentaciones, huyó de Constantinopla y se hizo monje en Egipto. Instruido por un padre antiguo en el monacato, Evagrio llegó a ser pronto un padre espiritual de éxito. Aunque tentado en su propia carne, fue un especialista en el modo de tratar los pensamientos y sentimientos y en la lucha contra los demonios. Muchos hermanos lo visitaban y le pedían consejo para su lucha espiritual. A este respecto, Paladio, un discípulo de Evagrio, escribe: «Acostumbraba a hacer lo siguiente: recibía a los hermanos el sábado y, durante toda la noche, estos le exponían sus pensamientos y escuchaban atentamente las palabras poderosas de Evagrio. El domingo, al amanecer, se marchaban llenos de alegría y alabando a Dios, pues verdaderamente sus consejos eran muy suaves» (Bunge, 48).

A petición de muchos que buscaban a Dios, Evagrio escribió sus experiencias, con lo cual ofreció a numerosos monjes una orientación en su lucha espiritual. Sus escritos son siempre de circunstancias, redactados para un peticionario concreto. Paladio afirma de él: «Su intelecto llegó a ser muy limpio y mereció el don de la sabiduría, del conocimiento y del discernimiento, pues discernía las obras de los demonios. Era muy versado en la Sagrada Escritura y en las enseñanzas de la Iglesia católica. De su ciencia, su conocimiento y su privilegiada inteligencia dan prueba las obras que escribió» (Bunge, 52s).

Los escritos de Evagrio fueron durante siglos las enseñanzas espirituales fundamentales de los monjes. Por desgracia, Evagrio cayó en descrédito durante las disputas contra Orígenes y sus escritos fueron prohibidos por la Iglesia. Los monjes, sin embargo, se las arreglaron para que muchos de sus libros llegasen a san Nilo. De este modo, a pesar de la prohibición eclesiástica, continuaron siendo la norma de conducta para la vida monástica.

En Occidente, Casiano, un discípulo de Evagrio, consiguió, con sus dos libros[3], que la sabiduría de Evagrio llegase hasta nosotros. Después de la Biblia, Casiano fue el autor más leído durante la Edad Media.

---

3. Las dos obras son: las *Colaciones* y las *Instituciones cenobíticas*. De la primera, Ediciones Sígueme ha publicado las conversaciones 1-3, con el título *Conversaciones para iniciarse en la vida espiritual*, y las 9-10 en *Conversaciones sobre la oración*.

En esta obra que el lector tiene entre sus manos, expondremos e intentaremos hacer útiles para nuestro tiempo algunos aspectos de esta espiritualidad, tal como han llegado hasta nosotros en los apotegmas que recogen Evagrio, Casiano y otros escritores monásticos antiguos.

1

ESPIRITUALIDAD DESDE ABAJO

La espiritualidad que nos propone la teología de carácter moralizante que todavía perdura en la mentalidad de muchos parte desde arriba. Ella nos presenta elevados ideales que debemos alcanzar. Tales ideales son: el desprendimiento total, el autodominio, el ser siempre amables, el amor desinteresado, no enfadarse nunca y superar la sexualidad.

Esta espiritualidad desde arriba tiene ciertamente su importancia para los jóvenes, ya que ella los desafía y pone a prueba su fuerza, los impulsa a superarse a sí mismos y a perseguir metas. Pero con demasiada frecuencia también nos lleva a que saltemos por encima de nuestra realidad. Nos identificamos tanto con el «deber ser» que ignoramos nuestras debilidades y limitaciones, porque no responden a dicho ideal.

Esto produce una división o separación interior, nos expone a enfermar y, no pocas veces, se revela en nosotros en la incoherencia entre el ideal y la realidad. Al no poder admitir que no respondemos al ideal, proyectamos sobre los demás nuestra impotencia y nos volvemos duros con ellos.

No puede menos de sorprender que precisamente personas muy devotas reaccionen muchas veces de una manera brutal; por ejemplo, si un teólogo expresa un parecer distinto al suyo. Cuando hace unos años la curia episcopal de Wurzburgo organizó una exposición de arte sobre el tema «María, ser humano», el obispo recibió burlas e insultos. La violencia es, con frecuencia, signo de una sexualidad reprimida. Aquellas personas agresivas pretendían defender la piedad, pero en realidad actuaron de una manera poco piadosa y muy militante. Los representantes de esa espiritualidad desde arriba no se dan cuenta de que razonan con lo que tienen por debajo del cinturón.

Los padres del desierto nos enseñan una espiritualidad desde abajo. Ellos nos indican que hemos de comenzar por nosotros mismos y nuestras pasiones. El camino hacia Dios, según ellos, está siempre basado en el propio conocimiento. Evagrio Póntico lo formula así: «¿Quieres conocer a Dios? Aprende antes a conocerte a ti mismo». Sin este conocimiento, nos arriesgamos a que nuestra idea de Dios sea una pura proyección de nosotros mismos. Hay también devotos que huyen de su propia realidad y se refugian en la beatería. A pesar de su oración y de su piedad, no cambian, sino que se sirven de la piedad para elevarse sobre los demás, para afirmarse más en su impecabilidad, en su incapacidad de cometer faltas.

En los padres del monacato encontramos un estilo totalmente distinto de piedad. Aquí lo primero que se pide es honestidad y autenticidad. Esto, sin embargo, lleva a una comprensión amorosa para con todos los que no van por el mismo camino. Poimén, un experimentado padre antiguo, explica a un renombrado teólogo la espiritualidad desde abajo. El afamado profesor acude a hablar con el anciano sobre la vida espiritual, sobre cosas del cielo, sobre el Dios uno y trino. Poimén le escucha sin responder nada. Cuando, decepcionado, el teólogo se disponía a abandonar al monje, un acompañante suyo se acerca a Poimén y le dice: «Padre, este gran hombre, que en su entorno tiene tanto prestigio, ha venido solamente para verlo a usted. ¿Por qué no le dice nada?». El anciano le respondió: «Él está en las alturas y habla de cosas celestiales; yo, en cambio, pertenezco a los de abajo y trato de cosas terrenas. Si él hubiera hablado de las pasiones del alma, yo le habría contestado muy gustosamente. Pero ha hablado de cosas espirituales y yo de eso no entiendo» (Apo, 582).

Ese teólogo partía de una espiritualidad desde arriba. Hablaba enseguida de Dios y de las cosas espirituales. Para Poimén el camino espiritual comienza por las pasiones. A estas es a las que hay que prestar atención primero y con ellas hay que lidiar. Solo entonces entenderá uno algo de Dios. Sí, el trato con las pasiones es, para él, el camino que lleva a Dios.

El encuentro de este teólogo con Poimén termina con estas palabras de un discípulo del monje al visitante decepcionado: «'El anciano no habla fácilmente de la Sagrada Escritura, pero si alguno trata con él de las pasiones del alma, él le responde'. El teólogo recapacitó, volvió y le dijo: '¿Qué tengo que hacer cuando se hacen más fuertes en mí las pasiones del alma?'.

Entonces el anciano lo miró cariñosamente y le dijo: 'Ahora es cuando has acertado. Abre tu boca, y yo la llenaré con cosas buenas'. El teólogo tenía gran necesidad de esto y exclamó: 'Ciertamente, este es el verdadero camino'. Y regresó a su tierra dando gracias a Dios, por haber podido encontrarse personalmente con tal santo» (Apo, 582).

Hablando sobre las pasiones del alma, su conversación se hizo sincera; los dos se tocaron mutuamente el corazón y, juntos, tocaron también el corazón de Dios, al que ambos presintieron como la meta de su camino.

Del abad Antonio nos han llegado estas palabras: «Si ves que un monje joven se esfuerza en llegar al cielo mediante su sola voluntad, agárrale fuerte los pies y tira para abajo, porque eso no le sirve de nada» (Smolitsch, 32). Para los jóvenes no es bueno ir demasiado pronto por el camino de la mística. Primero deben enfrentarse con su realidad. Deben examinar sus pasiones y luchar contra ellas. Solo entonces podrán emprender el camino interior y afianzar su corazón en Dios. Hoy día hay muchos que enseguida quedan fascinados por los caminos espirituales. Creen que pueden adentrarse por ellos sin antes haber recorrido el difícil camino del propio conocimiento, del encuentro con el lado oscuro de sí mismos. Los monjes nos ponen en guardia contra una espiritualidad celestial entusiasmante. Es fácil que nos suceda lo que a Ícaro, que se fabricó unas alas de cera y, cuando se acercó al sol, cayó en picado. Las alas que nos hacemos antes de conocer nuestra realidad son de cera; no pueden sostenernos. Algunos denominan el camino de estos voladores «*by-pass* espiritual», rodeo espiritual. Resulta peligroso usar la meditación para eludir cuestiones que, en realidad, resulta imprescindible resolver, problemas concernientes a nuestra sexualidad constreñida, a nuestra agresividad reprimida, a nuestros miedos. Por eso, cuando viene a verme un joven con pensamientos demasiado devotos, siempre intento mirar con él al polo opuesto: a la vida concreta de cada día, al trabajo, al estudio. No rechazo ni ridiculizo sus devotos pensamientos y caminos. No es mi estilo. En su piedad hay ciertamente un anhelo válido. Pero es importante que pise tierra, para que así pueda impregnar el cada día y el trabajo.

San Benito describe esta espiritualidad desde abajo en un capítulo dedicado a la humildad (*humilitas*). En esa línea, utiliza la escala de Jacob como modelo para nuestro camino hacia Dios. La paradoja está en que subimos a Dios cuando bajamos a nuestra propia realidad. Así entiende él las palabras de Jesús: «El que se humilla será ensalzado» (Lc 14, 11; 18, 14). Gracias a ese descender a nuestra condición de tierra (*humus*, de aquí *humilitas*) entramos nosotros en contacto con el cielo, con Dios. En la medida en que encontramos valor para descender a nuestras pasiones, en esa misma medida ellas nos elevan hacia Dios. Por este motivo la humildad fue tan alabada por los padres del monacato, ya que ella es el camino bajo hacia Dios, el camino sobre la propia realidad hacia el verdadero Dios. Los entusiastas del cielo reflejan y encuentran solo su propia imagen de Dios, su propia proyección.

Isaac de Nínive también usó la imagen de la escala de Jacob como modelo de elevación a Dios mediante el descenso hacia nosotros: «Esfuérzate por entrar en la cámara del tesoro, que está en tu interior, y así verás lo celestial, pues esto y aquello son lo mismo. A través de ese entrar, contemplarás ambas realidades. La escala para subir al reino de los cielos está en lo escondido de tu alma. Sal de tus pecados, sumérgete en ti y encontrarás allí la escala por la que podrás subir» (Isaak, 302). A través de los pecados, hemos de bajar a nuestro fondo más profundo. Desde allí podremos subir hasta Dios. Este ascenso responde a la nostalgia original de hombre. La filosofía platónica gira justamente en torno a que el hombre, en su espíritu, suba a Dios. Los padres de la Iglesia ven en Jesucristo, que primero descendió y luego subió al cielo (Ef 4, 9), otro modelo para nuestra elevación hacia Dios.

Solo el humilde, el que está dispuesto a admitir su *humus*, su condición de tierra, su condición humana, sus sombras, experimentará de verdad a Dios. Así, oímos constantemente la alabanza de la humildad. La humildad es el camino hacia Dios y la señal más clara del hombre según el plan de Dios. La abadesa Teodora[1] dice: «Ni la ascesis, ni las vigilias, ni ningún trabajo laborioso otorga la salvación, sino solo la verdadera humildad... ¡La humildad es la vencedora de los demonios!» (Miller, 6). Y el demonio, que se introduce

---

1. En el texto original, Grün no usa la palabra alemana *Äbtisin* (abadesa), sino *Amma* (madre), que es como la Iglesia antigua llamaba a la superiora de un monasterio femenino. Nosotros lo traducimos siempre por «abadesa» [N. del T.].

en la vida ascética de Macario, se ve obligado a reconocer: «Solo en una cosa eres superior a nosotros». Y al preguntarle el abad Macario: «¿Cuál es esa cosa?», le respondió: «Tu humildad. Por eso no puedo nada contra ti» (Miller, 11). Poimén afirma: «El hombre necesita la humildad y el temor de Dios tanto como el aire que entra por su nariz» (Miller, 49).

La humildad es para el hombre el valor de reconocer la verdad, reconocer su condición de tierra y su condición de hombre. Para asegurarse de que eran en verdad hombres de Dios, los monjes se probaban mutuamente en la humildad. «Un monje fue alabado por los hermanos ante el abad Antonio. Este lo tomó aparte, le puso a prueba para ver si podía aguantar las ofensas y, al comprobar que no las aguantaba, le dijo: 'Tú te pareces a un pueblo que, por delante, está muy bien adornado, pero que, por detrás, ha sido arrasado por los bandidos'» (Apo, 15).

La bienaventurada Sinclética afirma: «Así como es imposible construir un barco sin clavos, tampoco puede uno ser bienaventurado sin la humildad» (Apo, 1063). La humildad es la prueba de una vida según el espíritu de Dios. Ella es también el fundamento sobre el cual el monje edifica su vida. Sin humildad está siempre en peligro de manipular a Dios. La humildad es la condición para dejar a Dios ser Dios, para descubrir el rastro de un Dios totalmente diferente. Cuanto más se acerca uno a Dios, tanto más humilde se es, pues uno experimenta que, como hombre, está muy lejos de la santidad de Dios. La humildad es la respuesta a la experiencia de Dios.

Los monjes hablan también de que tenemos que aprender la humildad. «A un anciano se le preguntó qué era la humildad y él respondió: 'La humildad es una gran obra, es obra de Dios. El camino para la humildad, sin embargo, es este: Trabajar, tenerse a sí mismo por pecador y someterse a los demás'. El hermano le preguntó: '¿Qué quiere decir someterse a los demás?'. A lo que el anciano le respondió: 'Someterse a los demás significa no fijarse en las faltas de los otros sino en las propias, y pedir constantemente a Dios'» (Apo, 1083).

El anciano le indicó entonces varios ejercicios concretos para aprender la humildad. Tales ejercicios nos parecen hoy día demasiado negativos. Sin embargo, en ellos se trata de captar la propia realidad y aceptarla, en vez de preocuparse de los pecados de los demás. Humildad significa seguir a Cristo en lo oculto y no gloriarse de lo bueno que uno hace. Así, un padre anciano dice: «Como un tesoro abierto, así también la virtud publicada disminuye; y como la cera se derrite al fuego, el alma decae de su limpia intención y, por la alabanza, se derrite» (Apo, 1054). Y otro padre del monacato: «Es imposible que plantas y semillas salgan al mismo tiempo. También es imposible, añadió, gozar de la fama del mundo y, al mismo tiempo, dar frutos para el cielo» (Apo, 1053). El fruto del santo Espíritu puede crecer en nosotros solo cuando renunciamos a mostrarlo a todos, a gloriarnos ante los demás.

La espiritualidad desde abajo nos enseña que a Dios se va por la atenta observación y el sincero conocimiento de uno mismo. Lo que Dios quiere de nosotros no lo conocemos en los altos ideales que nos ponemos. En esto, con frecuencia, se expresa solo nuestra ambición: queremos alcanzar altos ideales para presentarnos como mejores ante los demás y ante Dios. La espiritualidad desde abajo enseña que yo puedo descubrir la voluntad de Dios en mí, mi vocación, únicamente cuando tengo el valor de descender a mi realidad, de ocuparme de mis pasiones, impulsos, necesidades y deseos, y que el camino hacia Dios va a través de mis debilidades, de mi impotencia. En mi impotencia reconozco lo que Dios quiere de mí, lo que él puede hacer de mí cuando me llena de su gracia.

La espiritualidad desde arriba, por ejemplo, reacciona ante la rabia reprimiéndola o sofocándola: «Uno no puede enfadarse. Como cristiano, he de ser siempre amable y equilibrado. Por tanto, he de dominar mi ira». En cambio, la espiritualidad desde abajo me enseña a preguntarle a mi rabia qué es lo que Dios me quiere decir con ella. Tal vez me descubra una herida profunda. En mi rabia tal vez me encuentre con el niño herido en mí, que reacciona así, impotente, a las heridas de los padres o de los profesores. Tal vez me indique que he dado a otros demasiado poder sobre mí. La rabia sería entonces la fuerza liberadora del poder de otros, para abrirme a Dios. Y no sería mala, sino la señal que me indicase el camino hacia mi verdadero ser.

A través de mi rabia me pongo en contacto con la fuente de mi energía, de la que brota incluso el espíritu de Dios en mí. Así, la rabia me lleva a Dios, que quiere darme la vida. Ella se defiende de todo lo que, en mí, quisiera quitarme la vida de Dios. Donde está mi mayor problema, allí está también mi mayor oportunidad, allí mi tesoro. Allí entro en contacto con mi verdadero ser. Allí quisiera hacerse vivo algo, florecer algo.

El camino hacia Dios va por el encuentro conmigo mismo, por abajarme a mi propia realidad. Yo me he encontrado con una persona que tenía frecuentes depresiones. Cada vez que no hacía mucho caso de otra hermana o la criticaba, caía como en un pozo. Ella había pensado liberarse de su hipersensibilidad y sus depresiones a través de la meditación; pero, en el acompañamiento, se vio claramente que lo que quería era servirse de Dios para poder presentarse como mejor ante sí y ante los demás, para verse libre de su patológica sensibilidad. Quería servirse de Dios, superar sus depresiones yendo a Dios. Pero en los coloquios vio cada vez más claro que este era un camino equivocado y descubrió que debía encontrar a Dios a través de todo eso. Cuando caía en sus depresiones y entraba en contacto con su incapacidad para superarse, cuando veía que había herido profundamente a una hermana y que esto no hacía más que causar sufrimiento, entonces es cuando, sobre el fundamento de estos sentimientos, de su impotencia, pudo ella experimentar una paz profunda. Entonces es cuando pudo llegar a Dios. Y tuvo la experiencia de que de ningún modo debía superar su hipersensibilidad. Podía dejar de luchar y entregarse a Dios. Esto la hacía auténticamente libre. Entonces se encontraba con el verdadero Dios, el Dios que la sacaba de lo hondo, del lodo más profundo, el Dios que iba con ella a través del fuego y del agua. Entonces era cuando se sentía tocada en su corazón por Dios, se desvanecían todas sus imaginaciones acerca de Dios y experimentaba al Dios verdadero como aquel que la sostenía, la hacía libre, la quería.

Doroteo de Gaza dijo en cierta ocasión: «Tu caída, como enseña el profeta (Jr 2, 19), será la que te eduque» (*Dorotheus*, 41). Cuando hemos caído, cuando nos hemos apartado de Dios, entonces aprendemos una lección que nuestras virtudes no nos pueden enseñar. Precisamente donde topamos con nuestra impotencia, allí es donde nos vemos abiertos a Dios. Dios nos forma a través de nuestros fallos, de nuestras defecciones. Así es cómo él nos conduce por el camino de la humildad, que es el único que lleva a Dios.

Para Doroteo es precisamente entonces cuando nosotros creemos que «nada sucede sin Dios… Dios sabía que esto era bueno para mi alma y por eso sucedió. De todo lo que Dios permite, no hay nada sin sentido, que no tenga una finalidad. Por el contrario, todo está lleno de sentido y sucede según un plan» (*Dorotheus*, 117s). Todo tiene un sentido. También mis pasiones, también mis pecados. Ellos me indican, mucho mejor que mi disciplina, que Dios es el único garante del éxito de mi vida. Yo no puedo ofrecer ninguna garantía, caeré siempre. Pero Dios me lleva por el camino de su glorificación sobre todos los acantilados, sobre todos los abismos.

En el presente libro ofreceremos algunos aspectos de esta espiritualidad desde abajo tal como la vivieron los primitivos monjes. Pero nos gustaría aplicar los temas de esa espiritualidad a nuestro tiempo. A primera vista muchos de los dichos de los padres antiguos nos parecerán extraños y tal vez demasiado duros y severos. Pero si los miramos mejor y los escuchamos más detenidamente, veremos que ellos nos llevan a un mundo de amor y de misericordia, de verdad y de libertad, que nos introducen en el misterio de Dios y en el misterio del hombre. Por eso son mistagógicos, que introducen en el misterio, y no moralizadores, que insisten en nuestra manera correcta de ser.

Después de algunos temas típicos en los dichos de los padres, queremos volver a la presentación sistemática de Evagrio Póntico, que es quien recopiló y presentó la espiritualidad de los padres del desierto.

2

PERMANECER
CONSIGO MISMO

Los padres antiguos aconsejan sin cesar permanecer en la celda, dominarse y no escapar de sí. La *stabilitas*, la perseverancia, el contenerse, el permanecer consigo mismo, es la condición para todo progreso humano y espiritual. San Benito ve en la estabilidad, en la constancia, en el permanecer, el medio celestial para la enfermedad de su época, época de total trashumancia, de inseguridad, de movimiento constante. Estabilidad significa para él permanecer en la comunidad en la que se ha entrado. Y significa que el árbol tiene que echar raíces para poder crecer. El continuo trasplante no hace más que limitar su desarrollo.

Estabilidad significa ante todo permanecer consigo mismo, mantenerse en su celda con Dios. Así, dice el abad Serapión: «Hijo, si quieres ser de alguna utilidad, permanece en tu celda, ocúpate en ti mismo y en el trabajo manual. El salir no te servirá tanto para progresar como el estarte quieto» (Apo, 878).

«Celda» significa la habitación del monje, un pequeño espacio que él se ha construido y en el que permanece normalmente todo el tiempo. Allí se sienta a orar y meditar. Allí trabaja y ocupa su tiempo tejiendo cestos, que una vez al mes vende en el mercado. El consejo de no huir de sí y permanecer en su celda lo encontramos en distintas variantes. «Un hermano vino donde el padre anciano Moisés y le pidió un consejo. El anciano le dijo: 'Anda, vete a tu celda y siéntate; la celda te lo enseñará todo'» (Apo, 500). «Uno dijo al padre anciano Arsenio: 'Mis pensamientos me atormentan diciendo: Tú no puedes ayunar ni trabajar; por tanto, visita al menos a los enfermos, ya que esto es también caridad'. El anciano, reconociendo aquí la semilla de los demonios, le dijo: 'Vete y come, bebe y duerme, y no trabajes. Únicamente no dejes tu celda'. Él sabía bien que el permanecer en la celda lleva al monje por el buen camino» (Apo, 49).

El monje puede hacer de todo. Puede incluso no practicar ningún ejercicio ascético. Hasta puede no hacer oración. Pero que permanezca en su celda. Gracias a esto, se obrará en él un cambio, vendrá a adquirir un orden interior. Se enfrentará con todo el caos interior que aparece en él. Y renunciará a escapar.

Pero no basta con estar sentado en la celda. Del abad Ammonio nos ha llegado esto: «Podría suceder que uno hubiera estado sentado en su celda durante cien años sin haber aprendido cómo debe uno sentarse en la celda» (Apo, 670). ¿Cómo debe, por tanto, sentarse el monje en su celda? Lo que le mantiene en vela ¿es la postura corporal exterior, un determinado sitio para meditar? ¿No se trata más bien de una actitud interior?

Es de suponer que el abad Ammonio quiere expresar aquí la actitud en esa estabilidad, en esa constancia. No se trata de sentarse para pasar el día entre ensoñaciones y dormitando, sino un sentarse en el que me pongo ante Dios y ante mí mismo. En el sentarme permanezco sin moverme. Por mucho que se agite en mí, aunque me asalten pensamientos de todo tipo, yo permanezco inmóvil, me mantengo firme y, gracias a esa calma exterior, se calmará también la tormenta de los pensamientos y los sentimientos.

La actitud con la que el monje debe sentarse en su celda la describe otro padre antiguo con una imagen drástica: «Aunque permanezcas en el desierto como un hesicasta[1], no pienses que haces algo grande; considérate más bien como un perro al que han cazado de entre los demás y atado, porque muerde y molesta a las personas» (N 573). Así pues, el monje no permanece sentado en su celda porque se crea mejor que los demás. Se retira a su celda para defender al mundo de sí mismo. Es una medida de protección espiritual del medio ambiente. En el pequeño espacio de su celda, libra al mundo de rabia y mal humor, y produce así una atmósfera más limpia, una atmósfera de amor y misericordia.

Los monjes conocen el peligro de la dispersión. También existe una dispersión espiritual en la que el hombre se hace muchos pensamientos acerca de Dios y de la vida espiritual. Pero por simples pensamientos

---

1. Los hesicastas o hesiquiastas eran miembros de una secta de la Iglesia de Oriente. Vivían en los monasterios del monte Athos entregados a la meditación, la cual hacían inclinando la cabeza sobre el pecho y mirándose el ombligo, donde suponían estar concentradas las fuerzas del alma [N. del T.].

uno no llega a ponerse en contacto real con Dios. El permanecer en la celda, el mantenerse uno él mismo, es el requisito para el progreso espiritual, pero también para la maduración humana. No se da una persona madura que no tenga el valor de aguantarse a sí misma y de encontrarse con su propia verdad.

Un relato de los padres compara el permanecer en la celda con el agua tranquila en la que uno puede ver reflejado su rostro. «Tres jóvenes amigos se hicieron monjes y cada uno de ellos quiso dedicarse a una obra buena. El primero se propuso traer la paz a los que estaban enemistados, según las palabras de la Sagrada Escritura: 'Bienaventurados los que trabajan por la paz'. El segundo se propuso visitar a los enfermos. El tercero se fue al desierto a fin de vivir allí en quietud. El primero, que quiso ocuparse de las disputas, no lo pudo arreglar todo. Desanimado, se fue al segundo, que atendía a los enfermos, y lo encontró también de mal humor; tampoco este había podido realizar plenamente su ideal. Los dos se pusieron de acuerdo para visitar al tercero, el que había ido al desierto. Le contaron sus necesidades y le pidieron que les dijera sinceramente lo que había conseguido. Él permaneció en silencio un rato. Luego echó agua en una vasija y les pidió que mirasen. El agua estaba todavía muy agitada. Algunos minutos después, les pidió que mirasen de nuevo y les dijo: 'Ved ahora qué tranquila se ha vuelto el agua'. Ellos miraron y vieron reflejado en ella su rostro como en un espejo. Entonces él les dijo: 'Lo mismo le sucede al que permanece entre los hombres. Por la intranquilidad y la agitación no puede ver sus pecados, pero si permanece en la quietud y en soledad, a no mucho tardar logrará ver sus faltas'» (Apo, 987).

No se condena el amor al prójimo, sino que se indica el peligro que puede esconderse en ello. Podríamos ayudar a todo el mundo; pero a menudo detrás de ello se esconde una pretensión de omnipotencia. Para cualquier cosa que hagamos necesitamos siempre resistir, permanecer en la celda y callar. Entonces, a través del silencio, el agua de nuestra vasija se serenará y podremos ver en ella nuestra verdad.

En este permanecer en la celda hay que tener siempre en cuenta dos aspectos: el conocimiento de uno mismo y el volverse totalmente a Dios. «El abad Antonio dijo: 'Es muy bueno refugiarnos en nuestra celda y pensar mucho sobre nosotros durante la vida, hasta conocernos bien. Si permaneces en la celda, piensas en tu muerte. Si oras sin cesar, noche y día, entonces aguardas tu muerte'» (Am 35, 13, III 147).

«Un hermano preguntó al abad Antonio: 'Padre, ¿cómo debe permanecer uno sentado en su celda?'. El anciano le respondió: 'Lo que es visible a los hombres es el ayuno hasta la noche, cada día, la vigilia y la meditación. Ahora bien, lo que permanece oculto al hombre es el poco aprecio de sí mismo, la lucha contra los malos pensamientos, la mansedumbre, la meditación de la muerte y la humildad del corazón, la cual es el fundamento de todo bien'» (Am 37, 12, III 148).

«El abad Macario el Grande dijo: 'Lo que necesita el monje que está en su celda es que recoja su mente y permanezca alejado de toda preocupación sin permitirla vagar por la vanidad de este mundo; que, orientado a su propio fin, dirija sus pensamientos únicamente a Dios, permanezca todo el tiempo sin disipación, no permita en su corazón ninguna preocupación mundana, ni pensamientos carnales, ni inquietud por los padres, ni consuelo de su familia, sino que su espíritu y todo su ser se mantenga en la presencia de Dios, para cumplir lo que dice el Apóstol: para que la virgen esté totalmente con el Señor, libre de toda preocupación'» (1 Cor 7, 34; Am 170, 7, III 175).

Catorce siglos más tarde, Blaise Pascal afirmó que la causa de las miserias humanas radica en que ya nadie permanece en su habitación consigo mismo. No aguantarse sin saltar de una cosa a otra resulta ya hoy habitual. El hombre puede así distraerse muy bien. Le basta con ver todos los programas de la televisión. Sin embargo, ¿qué sucede en el alma? Nada puede madurar, nada puede crecer. No arraiga ninguna verdad. La maduración necesita reposo. La celda, en definitiva, nos conduce a la verdad, nos confronta con nuestra propia verdad. Esta es la condición para la maduración de cualquier persona. También para la buena relación de unos con otros.

Para los monjes antiguos, el encuentro consigo mismo constituye además la condición para el encuentro con Dios. Nuestra piedad sufre cuando nos apartamos del camino. En muchas personas piadosas se observa que con su piedad están soslayando su propia verdad. Se refugian en pensamientos y sentimientos piadosos solo para no encontrarse consigo mismas. En muchas de estas almas hay miedo, lo que se manifiesta frecuentemente en el miedo de la psicología. Detestan los círculos psicológicos alrededor de su propia alma y, en cambio, se entregan al amor de Dios.

Pero con frecuencia se tiene la impresión de que aquí el amor a Dios no va muy allá, de que ese rehuir la psicología no profundiza la piedad, sino que procede únicamente del miedo a la propia verdad. En los coloquios espirituales se ve a menudo que los pensamientos devotos son bienintencionados, pero no consecuentes. Uno se refugia en esos pensamientos, en la argumentación piadosa, porque no tiene el valor de poner ante sus ojos su propia realidad.

La espiritualidad de los monjes es genuina. Ella no sobrepasa la realidad humana. El camino hacia Dios pasa por el encuentro consigo mismo. Los monjes no se limitan a hablar de Dios: tienen experiencia de él. Ellos rechazan toda posibilidad de dispersión para dirigir su espíritu totalmente a Dios. Cuando permanezco en la celda sin hacer nada, sin darme a piadosos pensamientos, sin leer, entonces experimento lo que en realidad soy. No me puedo engañar ni sobre mí mismo ni sobre mi relación con Dios.

Yo puedo escribir y hablar bien sobre la relación con Dios. Pero cuando todo se me va de las manos y siento simplemente mi verdad delante de él, me invade la sensación de que todo es aburrido, o la sospecha de que lo que digo de Dios no va bien. Cuando mantengo este sentimiento, cuando no pienso en ello para poder escribir sino que simplemente permanezco ahí, entonces algo se pone en movimiento, entonces toco la verdad. La verdad es despiadada, pero también amable.

Así, el permanecer en la celda es un test de la verdad, un test de si mi vida está o no de acuerdo, un test de si mi imagen de Dios es consecuente, de si mi amor a Dios es auténtico. En la celda no tengo ninguna posibilidad de evadirme, de refugiarme en la actividad, de esfumarme o de soñar despierto. Tengo que representarme a mí mismo. Dios se echa sobre mí y cuestiona todo lo que pienso acerca de él y de mí.

En la Edad Media los monjes cantaban alabanzas a la celda. De ahí la frase: «Cella est coelum», la celda es el cielo; en ella el monje conversa y se familiariza con Dios, cuya presencia lo envuelve. Y esta otra: «Cella est valetudinarium», la celda es un sanatorio, un lugar donde puedo recobrar la salud, por experimentar allí la cercanía curativa y amorosa de Dios. Pero solo si permanezco en mi celda aunque todo en mí se rebele, aunque esté en el mayor desasosiego interior.

Tras superar esta primera fase, puede que experimente la celda como un paraíso, que el cielo se abra sobre mí, que en mi estrecha celda respire la inmensidad del firmamento porque Dios mismo mora allí.

3

DESIERTO Y TENTACIÓN

Un tema muy importante en el monacato es el del desierto. Los monjes van al desierto para estar allí a solas y buscar a Dios.

Antiguamente, el desierto era la morada de los demonios. Antonio fue allí para combatirlos. Entrar en sus dominios constituía una decisión heroica, amén de una declaración de guerra, por lo cual los demonios lo abrumaron con numerosas tentaciones con el fin de expulsarlo. Antonio creía asimismo que con esa lucha contribuía a crear un mundo más luminoso y sano. Si vencía, los espíritus malignos tendrían menos poder sobre los hombres. Así pues, su lucha buscaba mejorar a la humanidad. Antonio huyó del mundo para luchar por un mundo más habitable.

Para Antonio, el desierto es el lugar donde los demonios se muestran de manera más clara y evidente. Como Jesús, cuando guiado por el Espíritu Santo marchó al desierto para ser tentado por el demonio, así los monjes que van al desierto cuentan con que han de luchar contra los demonios. El monje es esencialmente un luchador. Los padres antiguos eran alabados cuando, en esta lucha, salían vencedores.

En el momento en que el demonio se apartó de Jesús, vinieron los ángeles y le sirvieron. El monte de las tentaciones se convirtió entonces en el monte del paraíso. También los monjes tuvieron esta experiencia. El desierto no es solo un campo de batalla –el lugar donde uno no puede ocultarse de su propia verdad, donde tiene que confrontarse despiadadamente consigo mismo y con sus sombras–, sino también el lugar de la mayor cercanía de Dios. Así lo experimentó también el pueblo de Israel: como el lugar donde Dios les estuvo más cerca. Dios los llevó por el desierto para introducirles en la tierra prometida.

Los monjes fueron llevados también por Dios al desierto para luchar contra los demonios y, a través de esa lucha, llegar a la tierra de la paz, a la tierra de la contemplación de Dios. Para Israel el desierto fue un tiempo de prueba y un tiempo de glorificación de Dios. En mirada retrospectiva a su historia, Israel reconoció en el desierto un tiempo privilegiado. Fue cuando Dios se encariñó de su pueblo, le tomó en sus brazos y le atrajo con cadenas de amor (Os 11). Dios llama a Israel para llevarle nuevamente al desierto y hablarle allí al corazón. El tiempo del desierto se convierte, de ese modo, en un nuevo tiempo de enamoramiento: «La llevaré al desierto para enamorarla» (Os 2, 16).

Los monjes experimentaban también el desierto como el lugar en que estaban más cerca de Dios, en que podían sentir de un modo más intenso el amor de Dios al no verse impedidos por ningún atractivo del mundo. Pero para experimentar la cercanía de Dios, el monje tenía que emprender la lucha contra los demonios. Esta lucha traía consigo muchas tentaciones. La tentación es el lugar donde el monje se encuentra con el demonio. Y si es capaz de superarla y vencerla, crece su fuerza y su claridad interior.

Para los monjes, la tentación era algo esencial en su vida. El anciano padre Antonio dice: «Esta es la gran obra del hombre: presentar sus pecados ante el rostro de Dios y contar con la tentación hasta el último aliento de su vida» (Apo, 4).

La vida de los seres humanos está marcada por constantes conflictos y luchas. No podemos vivir sin más. Inevitablemente, estamos expuestos sin cesar a las tentaciones que lleva consigo la vida. Y no habrá ningún momento en el que podamos dormirnos en los laureles. Las tentaciones nos acompañarán hasta el final de nuestro camino. En otro lugar dice Antonio: «Nadie puede entrar en el cielo sin haber sido tentado. Quita las tentaciones y no habrá nadie que pueda encontrar salvación» (Apo, 5). Así pues, las tentaciones son para Antonio la condición para entrar en el reino de los cielos. Por ellas siente el hombre el rastro del verdadero Dios. Sin tentación estaría en peligro de manipular a Dios o de hacerle inocuo. En la tentación, el monje experimenta de un modo existencial su situación delante de Dios y la diferencia que hay entre el hombre y Dios. El hombre está siempre en lucha, mientras que Dios descansa en sí mismo. Dios es amor absoluto. El hombre, en cambio, está tentado constantemente por el mal.

Los monjes ven en las tentaciones algo positivo. Uno de los padres lo expresa así: «Si el árbol no es sacudido por el viento, no crece ni echa raíces. Lo mismo sucede con el monje: si no es tentado y no aguanta las tentaciones, no se hace hombre» (N 396).

Sucede como en el relato de la palmera. Un hombre malvado se irritó con una hermosa palmera joven. Para dañarla, colocó sobre su copa una gran piedra. Sin embargo, cuando, años después, volvió a pasar por allí, la palmera había crecido más y estaba más hermosa que todas las de su alrededor. La piedra la había obligado a hundir más sus raíces en la tierra y, de ese modo, pudo también crecer más alto. La piedra había sido para ella un desafío. Las tentaciones constituyen también un desafío para el monje. Ellas le obligan a hundir más sus raíces en Dios, a poner su confianza cada vez más en Dios, pues las tentaciones le muestran que, por sus propias fuerzas, él no puede vencerlas. La constante lucha le hace interiormente más fuerte y le permite madurar como hombre.

La lucha con las tentaciones y las dificultades es algo esencial al hombre. Hemos de contar con que tenemos que ser tentados por nuestras pasiones. Los monjes hablan de los demonios que pelean contra nosotros. Con esto quieren decir que en nosotros aparecen fuerzas que nos llevan en una dirección que no queremos. Así, llegan ellos a tener experiencia de que nosotros no vamos en una sola dirección, sino que somos llevados en muchas direcciones por distintos pensamientos y sentimientos. Se refieren a las fuerzas que tenemos en la sombra y en el subconsciente. A pesar de nuestra intención de permanecer siempre en el bien, surge en nosotros la tentación de tirar todo por la borda y de dejar a un lado los mandamientos. También en nuestra amistad surgen pensamientos de querer matar a otros. Sería ingenuo pensar que bastaría cumplir los mandamientos y querer el bien. En nuestro interior aparece una lucha entre el bien y el mal, entre la luz y las tinieblas, entre el amor y el odio. Para los monjes esto es completamente normal. Y no es malo, sino que hace al hombre más consciente y cuidadoso. Si traducimos esa idea al lenguaje de hoy, diríamos que, así, el hombre vive más consciente, se da cuenta mejor de sus sombras, de que en su subconsciente hay todavía fuerzas que no conoce y con las cuales tiene que convivir con mucho cuidado.

Las tentaciones, como explican los monjes, nos hacen hombres. Las tentaciones nos ponen en contacto con las raíces que sostienen el tronco del árbol. Exponerse a las tentaciones significa ponerse en lucha con la verdad. Un antiguo padre aseguraba: «Quita las tentaciones y nadie será santo, ya que quien huye de la tentación provechosa rehúye la vida eterna». De hecho, «las tentaciones son las que han preparado a los santos su corona» (N 595).

Al rezar el padrenuestro, tal vez algunos encuentren difícil eso de pedir a Dios que nos libre de la tentación. Pero Jesús habla aquí de una tentación diferente, la tentación de la caída. «No nos dejes caer en la tentación de la caída, enseña Jesús a orar a sus discípulos, por los que él ruega también (Lc 22, 31s; Jn 17, 14s)» (Grundmann, *Matthäus*, 203). Los monjes, en cambio, se refieren a las tentaciones de los pensamientos, de las pasiones y de los demonios. Tales tentaciones son algo consustancial para nosotros y nos hacen más vigilantes, conscientes y cuidadosos. Pero esto significa también que no podemos ir a Dios con un vestido blanco. Es, más bien, propio de nosotros el estar en lucha con los demonios y el ser constantemente heridos por ellos.

Los monjes no piden que seamos perfectos y sin faltas, intachables e inmaculados. El que está familiarizado con la tentación se encuentra con la verdad de su alma, descubre en sí el abismo de su subconsciente, mortales pensamientos, sádicas imaginaciones, fantasías inmorales. Llegaremos a ser hombres cabales únicamente si nos confrontamos con esta verdad, si resistimos en la tentación.

Un padre antiguo dice en referencia a ello: «Cuando pedimos al Señor: 'No nos dejes caer en la tentación' (Mt 6, 13), no pedimos que no seamos tentados, pues sería imposible, sino que no seamos engullidos por la tentación y hagamos algo que desagrada a Dios. Esto quiere decir no caer en tentación» (Apo, 1159).

La tentación nos acerca más a Dios. Así lo percibió Isaac de Nínive: «Sin tentación no podríamos apreciar el cuidado de Dios por nosotros, no se podría conseguir la confianza en él, no se podría aprender la sabiduría de Dios, y el amor de Dios no estaría enraizado en el alma. Antes de las tentaciones, el hombre pide a Dios como un extraño. Pero cuando ha resistido a la tentación sin dejarse vencer por ella, entonces Dios le mira como uno que le ha hecho un préstamo y está dispuesto a percibir los intereses; como a un amigo, que, para complacerle, ha luchado contra el poder del enemigo» (Isaak, 329). Estas palabras indican que los monjes no tenían miedo a la tentación, ni siquiera al pecado. El monje tentado más bien se familiariza, y de una manera nueva, con Dios. En la tentación experimenta de un modo profundo la cercanía de Dios.

La tentación mantiene al monje atento y le hace interiormente vigilante. Así, Juan Colobos pide incluso tentaciones para poder progresar en su camino hacia Dios: «El abad Poimén contaba del anciano padre Juan Colobos que le pidió a Dios que le quitase las pasiones. Así fue, y él estaba muy contento. Siguió adelante y se lo contó a un anciano: 'Veo que estoy tranquilo, que no tengo ya ninguna tentación'. El anciano le dijo: 'Vete y pide a Dios que te dé algún enemigo. Entonces se te volverá a dar también el antiguo arrepentimiento y la humildad que tenías antes, pues precisamente en la tentación es cuando progresa el alma'. Él lo hizo y, cuando vino el enemigo, no pidió ya a Dios que le librase de él, sino que decía: 'Dame aguante, Señor, en la lucha'» (Apo, 328).

Sin tentación, el monje se vuelve superficial, deja pasar sin más las experiencias y la vida. Las tentaciones le obligan a vivir más consciente, a practicar la disciplina y a permanecer atento. Por esta razón, el monje no pide a Dios que le quite las tentaciones, sino que le dé fuerza para afrontarlas. «Se cuenta de la abadesa Sara que durante trece años se vio frecuentemente tentada de impureza por los demonios. Ella jamás pidió que se le quitase esta tentación, sino que suplicaba: '¡Señor, dame fuerza!'» (Apo, 884). «Cuando por fin derrotó al espíritu impuro, este le reconoció: 'Me has vencido, Sara'. Pero ella le contestó: 'No te he vencido yo, sino mi Señor Jesucristo'» (Apo, 885).

La tentación nos obliga a la lucha. Sin lucha no hay victoria. Pero la victoria no es nunca algo que merecemos. En las luchas podemos aprender que Cristo actúa en nosotros, que, llegado el momento, nos libra de la constante lucha y nos concede una paz profunda.

La cuestión está en si a nosotros, hoy, nos ayuda o no esta visión positiva de la tentación. Por un lado, este modo de ver las cosas podría librarnos de falsos esfuerzos de perfección. Al que, por encima de todo, le interesa ser intachable, pasará la vida en un constante miedo de cometer faltas. Su vida quedará atrofiada. Será intachable, pero le faltará vitalidad y esperanza. El contar con la tentación, la conciencia de que la tentación es algo propio nuestro, nos hace más humanos o, como dicen los monjes, más humildes. Esto quiere decir que estamos siempre tentados, que nunca podemos afirmar que nos hallamos por encima de las tentaciones, que el odio, la envidia y la infidelidad matrimonial no son para nosotros ningún problema. Quien dice que jamás engañará a su novia o a su cónyuge no se ha encontrado todavía con su corazón. El contar con la tentación nos hace conscientes y cuidadosos.

Pero que los monjes pidan a Dios que no les quite la tentación, a nosotros se nos hace difícil de entender. Sin embargo, muchos tienen también hoy una experiencia semejante. Una hermana me contó que durante un tiempo no se había hecho problema con la masturbación, lo cual le había llevado a vivir abandonada a la

46

tibieza interior; pero que, cuando asumió luchar contra esa tentación, comenzó a estar más atenta a sus sentimientos, se volvió más consciente de sus frustraciones y de su rabia. Así aprendió a entregarse totalmente a Dios. Y su oración se hizo más intensa.

A menudo tenemos una idea falsa de la santidad. Pensamos que el santo está por encima de las tentaciones. Es un error. Tener tentaciones sin ser vencidos por ellas es un camino que nos mantiene vivos, que siempre nos recuerda que, solos, no podemos hacernos mejores a nosotros mismos, sino que es únicamente Dios el que puede cambiarnos. Solo Dios puede concedernos la victoria contra las tentaciones y una paz profunda que, sin la lucha, no se puede experimentar con la misma intensidad.

4

ASCESIS

Los monjes hablan sin cesar de la lucha que exige el camino hacia Dios. La vida en el desierto es una lucha tenaz contra los demonios y lleva al monje a una preocupación constante.

«La abadesa Sinclética dice: 'Los que van a Dios tienen, al principio, lucha y muchas dificultades; luego, paz indecible. Es algo así como los que quieren encender un fuego: primero son molestados por el humo y tienen que llorar; pero de esta manera logran cumplir su deseo, pues está escrito: Nuestro Dios es un fuego devorador (Heb 12, 29). Así también nosotros tenemos que encender el fuego divino con lágrimas y trabajos'» (892).

«Un hermano pidió un consejo al abad Arsenio. El anciano le dijo: 'Lucha con todas tus fuerzas para que tu obrar interior sea según Dios. Así vencerás tus pasiones externas'» (Miller, 44).

A la pregunta de qué es lo que hace al monje, el abad Zacarías respondió: «El que en todo se hace violencia, ese es un monje» (Miller, 98).

En otro apotegma, el mismo Cristo dice a un monje: «Pero yo te digo: Hay que sacrificarse mucho. Sin

sacrificio nadie puede tener a Dios. Él mismo fue crucificado por nosotros» (Miller, 103).

Hoy se nos hacen duras estas expresiones que hablan de trabajos y de lucha. Uno podría pensar que los
monjes no se conceden nada en la vida, que únicamente aprecian la austeridad y la renuncia. Pero, bajo ese
desafío de la ascesis, ellos guardan siempre una imagen positiva del hombre. Los monjes piensan que podemos elaborarnos a nosotros mismos. Pero también
que no estamos desamparados, solos. Los monjes no
hablan de una educación despiadada. Tampoco echan
la culpa a otros. Asumen su responsabilidad. En absoluto se sienten impotentes, entregados a sus deseos
desordenados y a sus pasiones. Se confían a la fuerza
que Dios nos da para luchar contra los enemigos de
nuestra alma y con la que podemos liberarnos de los
impedimentos que quisieran apartarnos de la vida.

Hoy tenemos una nueva comprensión de la vida
ascética. El físico y filósofo naturalista Carl Friedrich
von Weizsäcker habla de una cultura mundial ascética
como vitalmente necesaria para el futuro de nuestro
planeta. En 1992 me invitó la televisión austriaca a
una discusión sobre «placer y ascesis». A mi lado estaban una psicóloga, un psicólogo y un gerente. Al
principio pensé que tendría que ser yo el que defen-
diese la ascesis. Pero pronto vi que todos estábamos
de acuerdo acerca de lo importante que es hoy la vida
ascética como camino para la libertad, como camino
para tomar en nuestras manos la vida y formarla. Para
ello, sin embargo, no podemos confundir ascesis con
mortificación. Ascesis significa ejercicio para conse-

guir una habilidad. En sentido ético, es «el ejercicio virtuoso en una conducta correspondiente al ideal» (Lex, 749). Ascesis, por lo tanto, significa algo positivo, el ejercicio orientado a conseguir un comportamiento religioso.

Fue la influencia de la filosofía popular estoico-cínica la que propició que la ascesis comenzase a ser considerada como renuncia y como represión de los impulsos. En la ascesis cristiana se acentuó este aspecto negativo, pero en los monjes el punto de apoyo estaba en el adiestramiento a través del cual nos ejercitamos en la *apatheia*[1], un estado de ánimo de paz interior, en virtud del cual permanecemos abiertos a Dios. Para ellos, la paz procede siempre de la lucha. En consecuencia, primero es necesario luchar contra los demonios, que quisieran apartarnos de Dios.

Lo que Evagrio llama *apatheia* es para Casiano, su discípulo y el que dio a su doctrina una nueva formulación en latín, «puritas cordis», pureza de corazón. La pureza de corazón es un estado de claridad y limpieza interior, de amor como apertura a Dios. Para conseguirlo, hay que luchar. «Para alcanzar la limpieza de corazón, para lograr el amor, hay que ejercitarse en obras ascéticas. Ellas son los instrumentos que pueden liberar nuestro corazón de todas las pasiones que nos impiden ascender a la plenitud del amor. Los ayunos,

---

1. Esta palabra griega, *apatheia* (apatía, imperturbabilidad), tiene en la actualidad un significado por lo general negativo. En la mayoría de los casos, sin embargo, los padres del desierto designaban con ella el dominio sobre las pasiones del cuerpo y del alma. Acalladas así las pasiones, la persona se abre totalmente a Dios y goza de una gran paz interior [N. del T.].

las vigilias, el control de nosotros mismos, la meditación de las Sagradas Escrituras, etc., lo practicamos para conseguir la limpieza del corazón, que está en el amor. Lo que hacemos lo hacemos para amar. Por eso lo que da la medida en todo es el amor. Este es el objetivo de nuestro obrar. Los instrumentos son secundarios» (Sartory, 108). El fin de la ascesis es, así, algo totalmente positivo: la consecución del amor, de la limpieza del corazón. No se trata en primer lugar de renuncia sino de amor, que se consigue a través de la lucha contra las pasiones. Aquí aparece el aspecto positivo del hombre.

Los monjes han desarrollado métodos de lucha para lograr ese amor, esa claridad y limpieza interiores, y estar abiertos a Dios. Dos son las imágenes que encontramos siempre en sus escritos y que corresponden a la imagen que Dios se ha hecho de nosotros: Somos *atletas de Cristo*, somos *soldados de Cristo, nuestro rey*.

El monje es un atleta de Cristo. Su lucha va, en primer lugar, contra las pasiones. Pero como atleta, nunca dejará vencido para siempre en la arena a su enemigo, nunca podrá dormirse en los laureles. Nuestra vida es, más bien, una lucha constante. Los padres antiguos animaban a los monjes jóvenes a esta lucha. En muchas de sus expresiones hasta se siente el placer de la pelea. En ellas es claro el sentimiento de que no somos entregados a los demonios, sino que podemos vencerlos con la fuerza de Cristo. Esta posibilidad de victoria anima a los monjes a luchar. Evagrio dice del monje que es «un atleta al que no se le puede agarrar por la cintura, y un rápido corredor que, con agilidad, alcanza el premio de la carrera que es su vocación de lo alto» (*Gedanken*, 53).

Pero, según Evagrio, solo podemos resistir contra las pasiones si «nos mantenemos en la pelea como hombres y soldados valientes de nuestro victorioso rey Jesucristo… En esta lucha necesitamos, ciertamente, como arma espiritual una fe profunda y una doctrina sana, esto es, ayuno total, obras llenas de fortaleza, humildad, silencio casi o totalmente imperturbado, y oración constante. Yo quisiera saber, sin embargo, si uno puede llevar esta lucha en su alma y ser coronado con la corona de la justicia, hartándose de pan y de agua, encolerizándose con facilidad, descuidando y siendo negligente en la oración, contemporizando con los herejes. Pues, mira, Pablo dice: 'El atleta se abstiene de todo' (1 Cor 9, 25)… Por tanto, parece claro que si queremos emprender esta cruzada, necesitamos llevar las armas espirituales y mostrar a los paganos que lucharemos hasta dar la vida contra el pecado» (*Antirrhetikon*, 2).

Casiano nos anima a ser como el centurión de Cafarnaún, dando órdenes a nuestros pensamientos y a nuestras pasiones: «También nosotros podemos elevarlo al rango de un capitán espiritual, si luchamos contra el vicio, si nos mantenemos firmes en las turbulencias de nuestros pensamientos, si ponemos orden en ellos en virtud del don del discernimiento (*discretio*), sometemos el inquieto ejército de pensamientos al dominio de nuestra sensatez y, bajo el estandarte victorioso de la cruz de Nuestro Señor, echamos de nuestro interior a todos los feroces enemigos. Una vez que hayamos conseguido el rango de capitán, tendremos tal poder de mando que los pensamientos no nos apartarán ya más del camino, y podremos detenernos en aquellos que nos alegran espiritualmente. Y a las malas insinuaciones las mandaremos sencillamente: '¡Desapareced!', y desaparecerán. A las buenas, por el contrario, les diremos: '¡Venid!', y vendrán. También a nuestro criado, esto es, nuestro cuerpo, le podremos mandar, como aquel capitán del evangelio, todo lo que sea necesario para la continencia y la pureza, y él estará sin resistencia a nuestro servicio, esto es, no será ya el aguijón de nuestros instintos, sino que seguirá dócil al Espíritu» (Sartory II, 29s).

En estas frases notamos ya el regusto por el combate. La ascesis es para los monjes difícil, pero la practican con ilusión porque, al luchar, se hacen más fuertes. Sin embargo, lo que más les anima es la meta, la entrada en la tierra de la paz, el conseguir la *apatheia*, la salud del alma, la experiencia de la libertad interior y de un amor imperturbable, el estar unidos a Dios.

La ascesis consiste, en primer lugar, en hacer disponible al cuerpo y someterlo a la propia voluntad, en ser señor de los impulsos y libre en los apetitos.

La sumisión del cuerpo al espíritu se consigue mediante la ascesis en el alimento. El monje renuncia a la carne y come lo menos posible. Muchos se alimentan solo cada dos días. Sin embargo, ponen constantemente en guardia acerca del ayuno exagerado. El camino real es comer una vez al día, esto es, por la noche, y poco, para no quedar saciado.

La ascesis se exige también en el sueño. Los monjes dormían lo menos posible. Dormir poco era ya costumbre entre los pitagóricos, así como en muchos otros movimientos espirituales. El cansancio que de esto surge hay que considerarlo como una condición para poder experimentar intensamente a Dios. Cuando estoy cansado, tengo también capacidad de asumir pocas actividades. Si luego dirijo a Dios esta limitada capacidad, estoy más abierto a Dios que en vigilia total. Para los monjes, la vigilia era también muy importante para la experiencia de Dios. En la noche Dios visita al hombre y le habla al corazón. Es una experiencia general el sentirse más cerca de Dios por la noche que durante el día.

De todos modos, los monjes nos ponen en guardia contra la ascesis exagerada, que, sin prestar atención a las propias limitaciones, quisiera someter por la fuerza al propio cuerpo. En este sentido, el abad Antonio dice: «Hay algunos que, con las penitencias, han agotado su cuerpo; pero como no tenían el don del discernimiento, se han alejado de Dios» (Apo, 8). También la abadesa Sinclética enseña: «Hay una ascesis exagerada que es del demonio, ya que también sus discípulos la practican. ¿Cómo podremos, pues, distinguir la ascesis divina y auténtica de la tiránica y demoníaca? Claramente, a través de la mesura» (Apo, 906; Sartory, 74).

La ascesis no puede convertirse en rabia contra sí mismo. Ello no haría sino perjudicar. Del abad Poimén conservamos esta frase: «Toda exageración procede del demonio» (Apo, 703).

La ascesis no debe practicarse nunca en la convicción de que podemos salvarnos a nosotros mismos. Ella es más bien respuesta al amor de Dios, a su oferta de salvación en Jesucristo. Para que Dios nos pueda trasformar a través de su Palabra y de su Espíritu, necesitamos entregarnos a él, liberarnos de todo aquello que interiormente dificulta, cierra y domina. Pero únicamente Dios puede dar la salvación. Los monjes conocen bien la paradoja de que tenemos que trabajarnos mucho, pero que al fin y al cabo no podemos hacernos mejores a nosotros mismos. Esto solamente lo puede Dios.

En la ascesis los monjes experimentan su propia impotencia. Ellos no pueden sacarse a sí mismos del fango. Lo que es gracia lo viven justamente en cuanto que, en su lucha, perciben y llegan a un límite. Luego, tienen experiencia de que solo Dios les puede dar la victoria, la verdadera paz y el amor duradero.

5

CALLAR Y NO JUZGAR

Una señal para conocer si la ascesis realmente está llevando al monje a Dios es que no juzgue. Por mucho que ayune y trabaje, de nada le vale si luego juzga a los demás. La ascesis le ha conducido únicamente a creerse más que los otros; ha servido para dar rienda suelta a su soberbia, para que aumente su autosuficiencia.

Quien en su ascesis se ha encontrado a sí mismo, el que ha sabido permanecer en su celda cuando llega la dificultad, este no juzga a los demás. Por eso tantos dichos de los padres insisten en permanecer consigo mismo, en confrontarse con su propia verdad y en no juzgar a nadie.

«El anciano padre Poimén pidió al anciano padre José: 'Enséñame cómo puedo hacerme monje'. Él respondió: 'Si quieres permanecer en la quietud, has de decirte a ti mismo cada vez que hagas algo: ¿quién soy yo?, y no juzgar a nadie'» (Apo, 385).

Teodoro de Ferme enseña: «El que ha gustado la dulzura de la celda huye del prójimo, pero sin desdeñarle» (Apo, 281). «A un anciano padre le preguntó, en cierta ocasión, un hermano: '¿Por qué juzgo con tanta frecuencia a mi hermano?'. Y él le respondió:

'Porque todavía no te conoces a ti mismo. El que se conoce a sí mismo no ve las faltas de los hermanos'» (Apo, 1011).

El juzgar a otros es siempre síntoma de que uno no se ha encontrado consigo mismo. De aquí que haya gente piadosa que se escandaliza de los demás, que nunca se ha encontrado con su propia realidad. Su religiosidad no les ha confrontado aún con ellos mismos ni con sus pecados. Porque, como enseña el abad Moisés, «cuando uno tiene ante sí sus pecados, no mira los del prójimo» (Apo, 510).

El no juzgar es para los monjes no solo un criterio para la verdadera ascesis, sino, además, una ayuda para encontrar la paz interior. Si dejamos de juzgar a otros, esto nos hace bien también a nosotros.

«Un hermano preguntó al abad Poimén: 'Padre, ¿qué debo hacer, pues me siento decaído por la tristeza?' El anciano le contestó: 'No menosprecies a nadie, no juzgues a nadie, no difames a nadie, y el Señor te dará descanso'» (Apo, 1168).

El juzgar no nos proporciona ningún sosiego. Al condenar al otro experimentamos, de un modo inconsciente, que tampoco nosotros somos perfectos. Por eso, el no juzgar ni condenar constituye un camino para nuestra paz interior. Dejamos que los demás sean lo que son y, de esta manera, podremos serlo también nosotros.

Los monjes ponían en práctica lo que Jesús pide en el sermón de la montaña: «No juzguéis y no seréis juzgados» (Mc 7, 1). El no juzgar procede del encontrarse uno a sí mismo. Quien se ha encontrado a sí mismo piensa en sus propias faltas, reconoce sus lados oscuros, sabe que también él tiene lo que condena en los demás. Cuando otro peca, él no se escandaliza, sino que recuerda sus propios pecados. Dicen los psicólogos que al regañar a otros revelamos lo que hay en nosotros mismos; proyectamos en los demás nuestro propio lado oscuro, nuestros deseos e instintos reprimidos, y, en vez de poner delante de nuestros ojos nuestra propia realidad, les increpamos a ellos. Los monjes nos aconsejan que dejemos este mecanismo de proyección y que procuremos refrenar nuestra lengua. El silencio es para ellos una ayuda contra esta proyección y para ver, en el comportamiento de los demás, un espejo para nosotros mismos. Esto es lo que enseñan algunos dichos de los padres.

«El abad Poimén dijo: 'Está escrito: Lo que tu ojo ha visto, esto atestigua (Prov 25, 7). Yo, en cambio, os digo: aunque lo toquéis con vuestras propias manos, no habléis de ello. Un hermano quedó en ridículo en cierta ocasión. Le pareció ver a uno que estaba pecando con una mujer. Entonces, muy enojado fue hacia ellos, les dio una patada y, creyendo que eran ellos, les increpó: '¡Acabad ya de una vez! ¿Cuánto tiempo va a durar esto?'. Y he aquí que descubrió que, en vez de personas, eran haces de trigo. Por eso yo os digo: aunque lo podáis tocar con las manos, no juzguéis'» (Apo, 688).

Poimén dice que podemos proyectar nuestras propias fantasías incluso en la naturaleza. Este hermano proyecta sus deseos sexuales en los haces de trigo. En ellos ve lo que se ha imaginado en su fantasía. Por

59

eso, tan desconfiado es Poimén contra todo juicio, que prohíbe juzgar hasta cuando creemos haber tocado el pecado del otro con nuestras propias manos. Incluso entonces, hallamos con mucha frecuencia solo nuestras propias fantasías.

El silencio es renunciar a toda proyección. «Cuando el abad Agatón veía algo y su corazón quería hacer un juicio sobre ello, se decía a sí mismo: 'Agatón, no lo hagas'. Y de esta manera acallaba su pensamiento» (Apo, 100). «Cuando veas pecar a otro, vuélvete al Señor y dile: 'Perdóname, porque he pecado'» (Eth Coll, 13, 40).

El juzgar a los otros vuelve ciegos para las propias faltas. Guardar silencio en vista de los demás hace posible el conocimiento más claro de uno mismo. Y dejamos de proyectar sobre otros nuestras propias faltas. Así lo indica uno de los dichos de los padres: «En cierta ocasión hubo en el asceterio una reunión contra un hermano que había faltado. Los padres ancianos hablaron. Tan solo el abad Pior guardó silencio. Luego se levantó, cogió un saco, lo llenó de arena y se lo echó sobre sus espaldas. En un pequeño cesto puso delante de sí un puñado de arena. Los padres le preguntaron qué significaba todo aquello y él les explicó: 'El saco con tanta arena son mis pecados, que son muchos. Los he puesto detrás para que no me den trabajo ni tener que llorarlos. Y mirad, las pocas faltas de mi hermano las coloco delante de mí y hablo mucho de ellas para condenarle. Esto no está bien. No es correcto juzgar así. Yo debería por el contrario poner delante de mí mis faltas, pensar en ellas y pedir a Dios que me perdone'. Entonces los padres, poniéndose de pie, exclamaron: '¡Verdaderamente, este es el camino de la salvación!'» (Apo, 779).

Esta imagen nos descubre lo prontos que solemos estar para condenar a los demás. Tal vez decimos que lo que nos preocupa es el bien del hermano, pero la realidad es que hacemos demasiado ruido con sus pecados, siendo los nuestros mucho mayores. Sin embargo, no lo queremos reconocer. Por eso necesitamos un abad Pior que, con amabilidad y delicadeza, nos haga ver que no hay ninguna razón para airarnos contra los pecados de los demás. En lugar de eso, sería mejor rogar por ellos y experimentar en la oración que todos estamos tentados, que ninguno puede garantizar que permanecerá sin faltas.

Aun cuando un hermano peque, nosotros no deberíamos juzgarle. Así nos dice el abad Poimén: «Cuando peca una persona y lo niega diciendo: 'No he pecado', tú no le juzgues. De otro modo, le desanimarás. Pero si le dices: 'Ánimo, hermano, pero en adelante ten cuidado', entonces mueves su alma al arrepentimiento» (Apo, 597). En vez de condenarle, deberíamos ganar al hermano para Dios por el amor.

«Del anciano padre Isidoro, el presbítero del ascetario, se cuenta que solía decir: 'Si alguno tiene un hermano rebelde, o débil, o negligente, o soberbio, que no lo eche, que me lo traiga'. Y él se hacía cargo de ese hermano y, con su paciencia, lo salvaba» (Apo, 357).

Los monjes alaban constantemente la capacidad de refrenar la lengua. Callarse es para ellos el camino para encontrarse consigo mismo y descubrir la verdad del propio corazón. Es también el camino para librarse de constantes juicios y condenas a otros. Nosotros estamos siempre en peligro de condenar, de quitar valor y juzgar a los demás. Y constatamos con frecuencia que, efectivamente, les juzgamos y condenamos. El callar nos impide juzgar; y nos confronta con nosotros mismos. Nos impide proyectar sobre los demás nuestro lado oscuro. Los antiguos nos advierten del peligro de andar alrededor de los demás con nuestros pensamientos y conversaciones. Del anciano padre Agatón se dice que, durante tres años, llevó una piedrecita en la boca, hasta que se dominó en el callar (Apo, 97), hasta que ni en su corazón juzgó al hermano.

Para acallar el corazón hay que ejercitarse frecuente y conscientemente en callarse. Con frecuencia necesitamos prohibirnos expresamente el juzgar al otro para poder mirarle sin prejuicios.

Muchas veces se ha tildado a los antiguos monjes de que eran demasiado duros en su ascesis. Sin embargo, sus numerosas amonestaciones de no juzgar a otros y sus hermosas narraciones de monjes misericordiosos indican lo contrario. Sí, para ellos el no juzgar era un criterio seguro para distinguir el verdadero camino. El que juzga a los demás no ha llegado a conocerse realmente a sí mismo. Hoy se dan muchos movimientos piadosos que viven a costa de otros, rebajándolos y criticándolos. Cuando se condena a otros que, en su espiritualidad, van por un camino distinto al suyo, es siempre señal de que su camino no va bien. Su condena revela al demonio en el corazón, al que no quieren reconocer. El demonio les impulsa y les proyecta sobre los demás. El que se conoce bien a sí mismo será necesariamente misericordioso, porque reconoce que, a fin de cuentas, todos tenemos necesidad de la misericordia de Dios. Es siempre una maravilla de la gracia de Dios el que nos permita que el bien triunfe en nosotros.

Pero, para los monjes, callar es algo más que no juzgar: es sencillamente el camino espiritual. En el silencio nos encontramos a nosotros mismos y nuestra realidad interior. Callar es también un camino para liberarnos de los pensamientos que constantemente nos dan que hacer. Por eso, no se trata de un silencio exterior, sino de un silencio del corazón. El callar exterior, sin embargo, puede ser una ayuda para que también el corazón esté acallado, para que se calmen las emociones y para que no nos determinen. Por eso, del anciano padre Moisés, anteriormente ladrón y que por su piel oscura había sido frecuentemente menospreciado, se cuenta lo siguiente: «Se celebró una reunión en el asceterio y, queriendo ponerle a prueba, los padres le trataron muy mal, diciendo: '¿Qué pinta en medio de nosotros este etíope?'. Él lo escuchó todo en silencio. Una vez disuelta la reunión, le preguntaron: 'Abad, ¿no te has violentado interiormente?'. A lo que él respondió: 'Sí, mucho, pero no me atreví a hablar'» (Sal 77, 5; Apo, 497).

El abad Moisés se había agitado interiormente debido a las palabras poco amables de los hermanos, pero se mantuvo en silencio, a fin de que sus pasiones pudieran apaciguarse. Por medio del silencio consiguió vencer su rebelión interior. No se guardó la injusticia,

sino que prefirió curar la herida con el silencio. Ciertamente, el identificar la herida constituye un buen medio para curarla. Esto hoy nos lo demuestra suficien-
temente la psicoterapia. Pero está también el medio
curativo del silencio. Al callar, pueden apaciguarse los
movimientos interiores, serenarse, asentarse los torbe-
llinos de polvo, como el vino enturbiado que se aclara
con el reposo.

El segundo aspecto del callar es que nos libera. En
el silencio dejamos lo que nos ocupa constantemente. Dejamos nuestros pensamientos, nuestros deseos,
todo lo que nos pudiera desentonar y a lo que penosa-
mente nos aferramos. Nuestra vida se paraliza cuando
miramos solo a nuestro éxito. En cuanto nos aferramos
a las personas, se perturba la relación. Callar es el arte
de liberarnos, para descubrir otro fondo en nosotros:
a Dios mismo. Si mi fondo es solamente Dios, puedo
liberar mi oficio, mi función, mis relaciones, mis bienes. Entonces no me defino ya a mí mismo por lo que
quieren los demás. Mi identidad no depende de mi éxito o de mis posesiones. El desprendimiento constituye
el camino para entrar en contacto con la fuente interior,
para descubrir la verdadera riqueza en mi alma: Dios,
que me da todo lo que necesito para vivir.

El arte de callar no lo practicaban los monjes como
fin en sí mismo, sino para unirse con Dios. El encuentro con uno mismo y el desprendimiento son dos pasos necesarios en este camino hacia Dios.

El silencio es, en primer lugar, el arte de estar uno
completamente presente, de meterse sin prejuicios en
la realidad. Cuando de manera ininterrumpida nos pa-

sa por la cabeza cualquier pensamiento, esto nos impide estar presentes. Nos encontramos en otra parte. El
estar presente es la condición para poder encontrarse
uno con el Dios presente. Y el objetivo del silencio
es unirnos con Dios, estar abiertos a Dios para que él
llene nuestros pensamientos y sentimientos, para tener
experiencia de él en el fondo de nuestro corazón, para
vivirle como la fuente de nuestro interior, fuente ina-
gotable porque es divina.

6

EL ANÁLISIS DE NUESTROS PENSAMIENTOS Y SENTIMIENTOS

El encuentro consigo mismo al que los monjes aspiraban a través del silencio y en el que veían una condición para el encuentro con Dios, es para Evagrio Póntico, ante todo, un encuentro con los propios pensamientos y sentimientos en el corazón. Entre los padres del desierto, Evagrio es considerado el especialista en el trato con los pensamientos y las pasiones. Primero lo ha experimentado personalmente y luego lo ha descrito en sus libros.

De este antiguo padre se dice: «Si quieres conocer todas las tentaciones que ha experimentado de parte de los demonios, lee el libro que escribió contra la argumentación de los demonios. Allí verás toda su fuerza y todas sus tentaciones. Por eso lo ha puesto por escrito, para que los que lo leyeren sean fortalecidos y vean que no solo ellos son tentados de esa manera. Evagrio nos ha enseñado qué pensamientos y de qué manera hay que vencerlos» (Bunge, 52).

Evagrio cuenta con que gran parte de nuestro camino espiritual consiste en prestar atención a las pasiones en nuestro corazón, conocerlas y tratarlas adecuadamente. La finalidad de ese trato es la *apatheia*, un estado de paz y de tranquilidad interior. En la *apatheia* no combaten ya las pasiones unas contra otras, sino que se ponen de acuerdo. A la *apatheia* la denomina también «salud del alma».

El objetivo del camino espiritual no es un ideal moralizante, verse libre de faltas, sino la salud del alma. Según Evagrio, el alma se encuentra sana cuando es capaz de ponerse a tono y de amar, ya que solo quien consigue la *apatheia* puede amar verdaderamente. Sí, la *apatheia* es en realidad una forma de amor.

Por ser Evagrio de origen griego, construye su camino espiritual sobre la imagen griega del hombre. La filosofía griega reconoce en el hombre tres campos: el de los *apetitos* (*epithymia*), el de las *emociones* (*thymos*) y el *espiritual* (*nous*). Estos son también los tres campos que reconoce el «eneagrama», un sistema de autoconocimiento que procede del sufismo y que tiene gran parecido con la enseñanza de los nueve *logismoi* de Evagrio[1]. El eneagrama habla del tipo «vientre», tipo «corazón» y tipo «cabeza».

Evagrio ordena cada uno de estos tres campos según tres *logismoi*. Los *logismoi* son pensamientos que, intensificados por el sentimiento, pueden llegar a dominar a la persona; pasiones del alma, fuerzas impulsivas contra las que ha de luchar. En sentido negativo,

---

1. Los *logismoi*, esto es, los «pensamientos», los «impulsos», las «pasiones», los «vicios», constituyen los enemigos (unas veces solapados y otras manifiestos) contra los cuales hay que luchar. A los *logismoi*, Casiano los llama también «vicios capitales». Algunos distinguen ocho *logismoi* o pasiones, que son: glotonería, lujuria, avaricia, melancolía, cólera, acedia, vanagloria y soberbia [N. del T.].

Evagrio llama también vicios a los tres *logismoi* y los atribuye al demonio, que los infunde en el hombre. Por lo tanto, el trato con estos pensamientos y pasiones es también lucha contra los demonios. Pero los demonios no tienen tan solo un significado negativo: son además fuerzas que el hombre puede aprovechar. Para Platón, los demonios eran fuerzas buenas. Solo por influjo del dualismo persa se convirtieron en poderes negativos. Para Evagrio son fuerzas de este mundo, mecanismos psicológicos personalizados que actúan en el hombre. La importancia de Evagrio para nuestro tiempo reside en haber descrito agudamente la doctrina de los demonios de un modo psicológico como trato con las pasiones y con las leyes del alma humana.

Evagrio pide prestar mucha atención a los pensamientos y los sentimientos, a los demonios y a sus leyes: «Para que el hombre pueda conocer por propia experiencia a los malos demonios y familiarizarse con sus artimañas, le aconsejo prestar atención a sus pensamientos. Ha de fijarse en su intensidad, también en cuándo remiten, y en cuándo aparecen y desaparecen. Tiene que prestar atención a la multiplicidad de sus pensamientos, a la regularidad de los demonios que son responsables de ellos, cuáles se han disuelto y cuáles no. Luego ha de pedir a Cristo que le aclare lo que ha contemplado. Los demonios se muestran sobre todo rabiosos contra los que, armados de tal conocimiento, practican las virtudes» (*Prak*, 50).

Su descripción de esta vigilancia bien podría formar parte de un manual de psicología que explique los diferentes mecanismos del alma y la diversidad de sentimientos y emociones: «Es muy importante que aprendamos a discernir los distintos demonios y a apreciar las distintas circunstancias de su venida. Esto podrían enseñárnoslo nuestros pensamientos... Además, deberíamos prestar atención a qué demonios atacan con menos frecuencia y cuáles son los más molestos, cuáles se rinden antes y cuáles ofrecen mayor resistencia. Finalmente, sería útil que supiéramos los que atacan de pronto y llevan al hombre a blasfemar contra Dios. Resulta esencial conocerlo, para que, cuando se pongan a actuar los malos pensamientos, cada uno según arte y manera, podamos salirles al paso con palabras eficaces, esto es, aquellos que se refieran acertadamente a ellos. Tenemos que hacer esto antes de que nos hagan perder nuestra disposición de ánimo. Solo así, con la gracia de Dios, conseguiremos progresar. Nosotros los echamos afuera, pero ellos se han de enojar y, al mismo tiempo, admirar de con qué mirada tan certera los hemos reconocido» (*Prak*, 43).

El exacto conocimiento de las emociones y pasiones es condición para poder tratarlas debidamente. Y el objetivo de nuestra lucha es, una vez más, la *apatheia*, la paz y libertad interior. En términos psicológicos podríamos decir: El objetivo es un trato maduro con mis emociones, una marcada relación con mis pasiones, un estar reconciliado conmigo mismo, mi lado oscuro, mi ser total en el que estén integradas las sombras y sirvan al empeño espiritual.

En estar familiarizado con las pasiones, Evagrio ve el cumplimiento de las palabras de Jesús acerca de la astucia de la serpiente: «Nuestro Señor dijo: 'Sed astutos como las serpientes e inocentes como las palomas'. El monje ha de serlo de verdad y sin dolo, y en su mansedumbre está la lucha, según las palabras del Profeta. La mirada de su espíritu, sin embargo, ha de ser ágil y sagaz en las astucias de los demonios como el icneumón (una especie de mangosta o gato egipcio) que observa el rastro de la presa, para estar en condiciones de decir: Los pensamientos del mal no nos están ocultos, y mi ojo mira a mi enemigo y mis oídos oirán del malo que se me opone» (*Brief*, 16).

Como el icneumón, también nosotros hemos de estudiar los rastros de los demonios para poder cazarlos. La serpiente es, por su parte, símbolo de la sabiduría y de la sexualidad. Conseguir la astucia de la serpiente significa, en definitiva, que hemos de reconciliarnos con nuestra sexualidad, que nos conviene familiarizarnos con ella para poder integrar su sabiduría y su fuerza en el camino espiritual.

Los padres del desierto estaban familiarizados con los pensamientos y sentimientos negativos, con las pasiones del alma. No tenían ningún miedo a tratar con los demonios. Para ellos esto era una lucha diaria por la cual conocían cada vez mejor al enemigo. En sus escritos recogen su experiencia con las pasiones de nuestro corazón y las fuerzas de nuestro subconsciente.

1. Los apetitos

A la parte de los apetitos Evagrio asigna el vicio de la glotonería, la lujuria y la codicia. Comer, tener relaciones sexuales y poseer son apetitos básicos en

el hombre de los que él no puede sencillamente igno-
rar ni desentenderse, ya que, como apetitos esenciales,
le impulsan hacia la vida y, en último término, hacia
Dios. Lo que importa es cómo nos comportamos con
ellos, esto es, si nos dejamos dominar, si somos impul-
sivos, o si usamos positivamente la fuerza que en ellos
se oculta y nos dejamos conducir por ella en nuestro
camino hacia la vida y hacia Dios.

Evagrio describe este primer apetito de la *glotonería* o del placer del paladar, más que como un exagerado comer, como un atiborrarnos de sentimientos negativos, una preocupación excesiva por la salud, miedo
a que nos falte algo, a no tener suficientes alimentos o
medicinas, miedo a caer enfermos por la práctica de la
ascesis… Comer es una necesidad básica del hombre,
y un objetivo del comer es saborear. Pero muchos se
atiborran de comida porque no quieren sentir su rabia.
Comer puede ser también un sucedáneo del amor. Muchas personas se lo tragan todo, pero no son capaces
de saborear nada. La verdadera ascesis consistiría en
aprender a saborear. Entonces la verdadera moderación en el comer vendría por sí sola, y el miedo a que
nos falte algo desaparecería. En el subconsciente hay
miedo a morir de hambre, en sentido literal y figurado.

El objetivo final del comer es estar unidos a Dios.
Por eso en todas las religiones hay banquetes sagrados.
En la eucaristía, por el alimento del pan, nos unimos a
Cristo y, por medio de él, a Dios. La mística puede des-
cribir esta unión con Dios como una *fruitio Dei*, como
un gustar a Dios; comer, pues, como un acto esencial a
través del cual podemos saborear a Dios.

El segundo vicio, el de la *lujuria*, lo describe así Evagrio: «Por demonio de la lujuria se entiende el ansia de dar gusto al cuerpo. Cuando se lleva una vida de continencia, uno se ve todavía más expuesto a esos ataques. El demonio pretende así que se abandone eso y que no se ejercite más en la virtud. Él no quisiera sino que se le hiciese caso. Es propio de este demonio representar al alma actos impuros para mancharla y, de ese modo, llevar finalmente al hombre a decir palabras y a percibirlas, como si todo esto sucediera en realidad delante de sus ojos» (*Prak*, 8).

La sexualidad es una fuerza determinante en el hombre. En ella se esconde la nostalgia por la vida, por elevarse, por el éxtasis. La sexualidad puede ser una fuente importante de espiritualidad. Esto no lo niega Evagrio en absoluto. Pero ve en ello el peligro de escaparse a un mundo imaginario. La sexualidad tiene mucho que ver con la frustración. Muchos que no pueden superar sus frustraciones, se refugian en la sexualidad. Entonces la sexualidad no es ya el lugar del amor más íntimo y del éxtasis, el hacerse una misma cosa con la persona amada, sino fantasías de un mundo imaginario de libertad sexual. Evagrio no habla aquí del hacerse una misma cosa el hombre y la mujer en el acto sexual, sino de refugiarse en fantasías sexuales. Entonces la sexualidad se convierte en ilusión. En vez de encontrar a una persona real y entregarme a ella, me sirvo de la sexualidad para imaginarme mi propio mundo de apariencia en el que todo es maravilloso, en el que no tengo que tener en cuenta a nadie sino únicamente gozar de mi sexualidad.

Que esto sea un peligro real lo manifiestan los muchos casos de abuso sexual de menores y de acoso sexual a mujeres en sus puestos de trabajo. Aquí no se vive realmente la sexualidad, se rehúye el trabajo de entregarse a otro y de unirse delicadamente a él. Aquí la sexualidad es una entrega desenfrenada al placer, y no una expresión de amor. Y así, con su sexualidad no integrada, estas personas hieren a otros en su dignidad. Difícilmente se encontrará una herida más dolorosa, una violencia más brutal e indigna que esta, al degradar a la persona a la condición de mercancía.

En su descripción de la lujuria, Evagrio muestra que nunca estuvo en contra de la sexualidad, por mucho que, en este aspecto, se haya criticado a los antiguos monjes. Más bien indica que, como del comer, también puede hacerse mal uso de la sexualidad para escapar de la realidad. Con la comida el hombre atiborra su ira y su desencanto. Con la sexualidad uno puede desfogarse, aunque no quede satisfecho. Y puede refugiarse en ella cuando no se atreve a encontrarse con otra persona y entregarse a ella. El encuentro será deficiente, la deficiente disposición a amar se verá compensada con la sexualidad. Esto daña a la persona, la limita en su condición de tal y convierte la sexualidad en un bloqueo contra Dios, mientras que una sexualidad integrada y digna es siempre expresión del amor a Dios.

La sexualidad será viva cuando se integra en el camino espiritual. Una espiritualidad superficial indica que la sexualidad no ha sido tenida en cuenta ni aceptada. Evagrio no quiere que aplastemos la sexualidad, sino que tratemos con ella de un modo consciente. Sin ese trato no hay maduración humana ni verdadera espiritualidad.

El tercer *logismos* del apetito del hombre es, según Evagrio, la *avaricia*. El impulso hacia la posesión resulta esencial al hombre. En él se oculta la aspiración al descanso. Por la posesión, esperamos librarnos de preocupaciones y entregarnos a una vida tranquila. Pero la experiencia demuestra que la codicia puede apoderarse de nosotros y que el afán de conseguir cada vez más nos vuelve locos. Evagrio describe con hermosas imágenes las consecuencias de la avaricia. Compara a quien no tiene posesiones con el águila que vuela alto y libremente por el espacio, no impedida por preocupaciones; del rico, en cambio, dice: «Quien tiene muchos bienes está aprisionado por los cuidados y atado por una cadena como el perro. Aunque vaya de acá para allá, lleva siempre consigo el recuerdo de sus bienes como un gran peso y una innecesaria carga. Será atormentado por la tristeza y amargado de tanto pensar. Deja sus posesiones y le aflige la preocupación. Cuando le llega la muerte, deja este mundo lleno de dolor. Entrega el alma, pero no aparta sus ojos de las cosas. Contra su voluntad será arrastrado, como un esclavo que huye. Será separado de su cuerpo, pero él no se apartará de sus posesiones que le llevan consigo, pues la pasión le hunde» (*Acht Gedanken*, 51s).

Si la dirigimos hacia cosas terrenas, nuestra ansia de poseer nunca se saciará, ya que ninguna cantidad puede colmar nuestra más profunda aspiración al descanso y a estar satisfechos y en armonía con nosotros mismos. La Biblia se sirve de este apetito proponién-donos otras riquezas (parábolas del tesoro en el campo y de la perla preciosa: Mt 13, 44-46). En nuestra alma podemos encontrar una riqueza inmensa: a Dios y to-das las posibilidades que él nos ha dado. Solo orien-tándonos hacia esta riqueza interior, nuestro apetito de los bienes exteriores no será sin medida.

También hoy se constata un endemoniamiento de la posesión y una ideologización de la pobreza, que no nos ayudan. La pobreza se confunde en ocasiones con la falta de cultura. Cuando la pobreza es solo ne-gación de la vida, no nos hace libres. La pobreza ge-nuina trata el deseo de poseer de una manera humana. Tiene el instinto, pero lo relativiza porque conoce la riqueza profunda. Solo por este valor interior pode-mos dejar la posesión exterior, ser libres del ansia de acumular.

2. LAS EMOCIONES

Evagrio somete al campo *emocional* del hombre los tres *logismoi* de la melancolía, la ira y la acedia.

La *melancolía* puede surgir cuando la persona no consigue satisfacer sus deseos. En ocasiones, aparece acompañada de la ira. Como consecuencia de deseos y necesidades no satisfechos, con frecuencia aparece así: «Tal persona piensa primero en la casa, en sus padres y en la vida que ha llevado anteriormente. Si no resiste a estos pensamientos sino que los fomenta, o incluso se entrega a los placeres, aunque tan solo sea en su imaginación, entonces estos pensamientos se apoderan totalmente de él. Pero sus imaginaciones se desvanecen y cae víctima de la melancolía. Su actual condición de vida le impide que se conviertan de nuevo en realidad. Y esta persona infeliz estará sufriendo en la medida en que se haya entregado a tales pensamientos» (*Prak*, 10).

Evagrio diferencia la melancolía (*lype*) de la tristeza (*penthos*). Mientras que la tristeza pertenece en esencia a la madurez del hombre, como trabajo, como elaboración de experiencias de pérdida, la melancolía como compasión hacia uno mismo resulta infructuosa. Cuando no puede satisfacer sus deseos, el hombre se refugia en la autocompasión. En el fondo, en la melancolía se ocultan con frecuencia deseos inmoderados. Porque no soy el mejor, dejo de luchar y me refugio en la melancolía.

El triste puede llorar, sus lágrimas pueden ablandar el alma endurecida y hacerla fructificar. Las lágrimas de quien está triste pueden convertirse en lágrimas de alegría. La melancolía impide llorar. Es deplorable, se baña a sí misma en la autocompasión. Para Evagrio la melancolía consiste sobre todo en depender infructuosamente del pasado. Uno se imagina sentimientos que tuvo anteriormente en casa, con los padres, la protección, el vivir sin preocupaciones, etc. Por muy bueno que sea a veces ocuparse del pasado para mejorarlo y experimentarlo como raíz del presente, nos ayuda muy poco mirar constantemente al pasado y orientarnos hacia él. Para Evagrio es sobre todo peligroso eludir la realidad presente para refugiarse en el pasado, que definitivamente se ha ido y ya no volverá. Del pasado podemos aprender mucho, sin duda. Pero cuando se convierte en fuga de las dificultades presentes, entonces nos impide acometer las tareas actuales y así madurar.

Mientras que en la melancolía reaccionamos de un modo pasivo a nuestros deseos no realizados, la *ira* es más bien una reacción activa. Evagrio la identifica con un demonio. Para este padre, está claro que en la ira el hombre puede dejarse dominar totalmente por otra fuerza distinta.

«La ira es la más fuerte de las pasiones. Representa una rebelión de la parte agresiva del alma, que se levanta contra alguien que la ha herido o del cual cree haber sido herida. Excita sin cesar al alma y asalta su consciente, sobre todo durante la oración. De este modo, hace aparecer ante sus ojos al que le ha hecho mal. A veces dura largo tiempo y se convierte en rabia que, durante la noche, nos atormenta. La mayor parte de las veces el cuerpo incluso se despierta. Se da también una alimentación deficiente. Por todo esto, uno palidece y cada vez le molestan con más intensidad en el sueño imaginaciones como la de ser atacado por fieras salvajes y venenosas. Y comprueba constantemente, sobre todo, que los cuatro causantes de su ira, antes mencionados, acompañan a muchos de sus pensamientos» (*Prak*, 11).

Evagrio ha analizado detenidamente la ira. La ira no es simplemente agresión. Las agresiones tienen un significado positivo: quieren regular la relación entre cerca y lejos. La ira es la agresión incontrolada. La persona no puede ya pensar con claridad, es dominada por la ira. La ira le impide hacer oración. Puede llevarle a una pérdida del apetito y afectar a los sueños de tal forma que penetren cada vez más en el subconsciente. La ira puede ser causa de enfermedad. Bajo el efecto de la ira, uno no puede ya quitarse de la cabeza a quien le ha herido. Le ha dado tanto poder, que le persigue por todas partes: en la oración, durante las comidas, en el sueño... En ninguna parte se verá libre de él. Es como estar poseído.

Evagrio enseña que el demonio de la ira devora al alma. Esto lo vemos confirmado por la psicología, la cual, fundadamente, afirma que en no pocos casos el cáncer tiene una causa psíquica. En efecto, cuando uno constantemente se lo guarda todo, el cuerpo reacciona a veces siendo devorado en el más real sentido de la palabra.

El demonio más peligroso, sin embargo, es el de la *acedia*, porque desgarra interiormente al monje. Evagrio describe así el modo de actuar de este demonio: «Con sus ataques a los monjes, comienza en la hora cuarta y no les deja hasta la hora octava. Primero le parece a uno que el sol, si fuera posible, se mueve lentamente y que la duración del día es por lo menos de cincuenta horas. El monje siente necesidad de mirar continuamente por la ventana, de salir de la celda, de observar cuidadosamente al sol para comprobar lo lejos que está todavía de la hora nona... Poco a poco va calando en su corazón un odio al lugar en que se encuentra, a su vida actual y también al trabajo que realiza... Con otras palabras, no deja nada sin intentar para llevar al monje a volver las espaldas a su celda y a cesar en la lucha. Si el demonio es vencido, entonces no le sigue inmediatamente ningún otro. Un estado de profunda paz y de indecible gozo es el sabroso fruto de la lucha victoriosa contra ese demonio» (*Prak*, 12).

La acedia es la incapacidad de vivir el momento presente. Uno no tiene ganas ni de trabajar ni de hacer oración. No puede ni siquiera gozar del no hacer nada. Siempre está en otra parte con sus pensamientos. La insatisfacción interior, la incapacidad de disfrutar el momento desgarra interiormente a la persona. La acedia es la expresión de la huida de la realidad. El hombre se niega a poner ante sus ojos su propio ser. Por eso tiene que estar constantemente en otra parte con sus pensamientos, haciendo otra cosa. Pero será incapaz de hacer nada, de dedicarse realmente a algo o a otra persona.

La acedia es llamada también demonio meridiano, porque aparece durante el mediodía. Esto puede entenderse igualmente en sentido figurado y, entonces, la acedia es, sobre todo, el demonio de la mitad de la vida. En la mitad de la vida, uno pierde el gusto por lo habitual. El hombre se cuestiona todo. Sus ocupaciones habituales ahora le resultan aburridas y vacías. Tampoco encuentra nada con lo que pudiera comprometerse. Por eso no hace más que ir de acá para allá, se vuelve cínico, lo critica todo. Pero en realidad no tiene ganas de nada. El demonio meridiano es un desafío a orientarse de nuevo, a dirigirse de lo exterior a lo interior, y a descubrir nuevos valores en su alma que den sentido a la segunda mitad de su vida.

La acedia parece ser también hoy la actitud fundamental de muchos jóvenes. Son incapaces de entregarse a algo, de entusiasmarse por algo. No pueden vivir el momento. Para sentir que viven, tienen que experimentar siempre algo nuevo. Para los violentos, ejercer la fuerza bruta contra otros es el único modo de sentirse vivos. Aquí se percibe claramente lo desoladora que puede ser la acedia. Quien es incapaz de vivir, vivirá a costa de otros, tendrá que golpear a otros para sentirse a sí mismo.

3. LO MENTAL

Los tres *logismoi* del reino *espiritual* son: la vanagloria, la envidia y la soberbia (*hybris*).

La *vanagloria* es un constante gloriarse ante los demás. Uno lo hace todo únicamente para ser visto. Evagrio lo describe de esta manera: «El pensamiento de la vanagloria es un compañero sin duda difícil. Surge sobre todo en personas que quieren vivir virtuosamente. En ellas actúa el ansia de comunicar a otros lo dura que es su lucha. Con esto buscan ser alabados por los demás. Así, por ejemplo, a esas personas les gusta imaginar cómo curan a mujeres... Se imaginan cómo, a los que acuden a su puerta, les gustaría sacarlos para hablar con ellos y obligarles a ir, cuando son renuentes» (*Prak*, 13).

Por la vanagloria pienso siempre en los demás y en su opinión: ¿Qué impresión causo en ellos? ¿Les parece bien lo que hago? Yo no soy yo mismo, me hago dependiente del criterio de los otros, estoy pensando siempre en cómo puedo realizar mi próxima aparición en escena con el mayor efecto posible para recibir los merecidos aplausos. Naturalmente a todos nos gusta ser reconocidos y confirmados en lo que somos. Y sería soberbia (*hybris*) decir que no nos importa el reconocimiento y la alabanza. La búsqueda de esto se infiltra en todo, hasta en nuestro actuar más devoto. No se trata de estar totalmente libres de ello, sino de que relativicemos la búsqueda de ese reconocimiento y de que nos hagamos independientes de él. Nosotros mismos experimentamos lo penoso que es, por ejemplo, cuando vemos que los de sesenta o setenta años se preocupan tanto de lo que los demás piensan y esperan de ellos. Esto no es vivir, es ser vividos.

La *envidia* se muestra en compararse sin cesar con otros. No puedo encontrarme con nadie sin parangonarme con él. Comienzo de inmediato a valorar, a infravalorar, a sobrevalorar, etc. Normalmente trato de quitar mérito a los demás para afianzarme a mí mismo. Así, veo sus puntos débiles o percibo su conducta como poco natural, su éxito como aparente, su inteligencia como mediocre, etc. Y cuando no lo consigo, entonces me infravaloro a mí mismo y subo a los demás al podio.

En la envidia tampoco soy yo mismo. No estoy satisfecho de mí, no tengo ningún sentimiento de mi dignidad. Reconozco mi valor siempre en comparación con el otro. Esto resulta agotador. Me obliga a ponerme por encima de los demás o a hundirme en la depresión porque no veo ninguna posibilidad de competir con ellos.

La *hybris*, la soberbia, hace al hombre ciego. El soberbio se identifica tanto con su ideal, que rehúsa ver la realidad. «El demonio de la soberbia es causa de la peor caída de una persona. Este demonio lleva al monje a no buscar en Dios la causa de su obrar virtuoso, sino en sí mismo. Al final de todo, le ataca al soberbio la peor enfermedad: se hace perturbado mental, cae en la locura y está sometido a alucinaciones que le sugieren legiones de demonios que flotan en el espacio» (Evagrius, *Prak*, 14).

En la *hybris* se eleva el hombre tanto en el mundo irreal de sus propios ideales, que llega a perder el contacto con la realidad. Su mente se trastorna. Carl Gustav Jung denomina a este comportamiento «inflación». El hombre se infla con ideales e imaginaciones que no son reales. La inflación sucede siempre que nos identificamos con un modelo arquetipo, por ejemplo, con la imagen del profeta: «Yo soy el único que ve claro, el que está familiarizado con la verdad». O con la del mártir: «Nunca se me comprende; tengo que sufrir sencillamente porque, como Jesús, soy de otro mundo; solo yo estoy en la verdad». Tales palabras suenan ciertamente a piadosas. Pero, en el fondo, se oculta la *hybris*, la soberbia, el querer ser como Dios o como aquellas personas a las que Dios ha llamado de una manera especial.

Sí, tal *hybris* ciega. Como profeta, soy ciego y no veo mi propia realidad. Digo al mundo lo que es recto, pero no me conozco a mí mismo. No quiero mirarme. Jesús cura al ciego de nacimiento escupiendo en el suelo y embadurnándole cariñosamente los ojos con barro. Como si quisiera decirle: «Tú has sido también hecho de tierra. Reconcíliate con la suciedad que todavía hay en ti, con tu lado sombrío. Sé hombre. Entonces podrás ver de nuevo. En cambio, mientras te niegues a reconocer tu condición de barro, tampoco serás capaz de ver».

7

MODO DE TRATAR
CON NUESTRAS PASIONES

En la descripción de estos nueve *logismoi*, vemos ya cuánta experiencia psicológica había reunido Evagrio en su celda. Pero, para él, más importante que saber acerca de los *logismoi* es saber manejar las pasiones y los sentimientos. Para cada pasión, Evagrio aconseja un método diferente. Los tres impulsos básicos –hambre, deseo sexual y apropiación– han de dominarse mediante la ascesis, el ayuno y la limosna. Aquí, la disciplina es un buen camino no para aplastar los instintos, sino para formarlos, a fin de que estén a nuestra disposición como una fuerza potencial.

Así, la *melancolía* la vencemos huyendo de la dependencia del mundo, dejando todo aquello que de algún modo nos ata y haciéndonos interiormente libres. Evagrio da consejos sobre todo para tratar con acierto la *ira*. La ira, el enojo, el malhumor, nos dan constantemente que hacer. Una ayuda es prestar atención al malhumor y quitárnoslo de encima antes de ir a dormir, para que, en el sueño, no se fije en el subconsciente y, al siguiente día, se manifieste como una insatisfacción difusa. Si llevamos el enfado a la cama, perdemos el control sobre nosotros mismos y seremos guiados en el subconsciente por la ira y el malhumor. «No dejes que el sol se ponga sobre tu ira. De otro modo, durante el descanso nocturno, vienen los demonios, te asustan y te hacen así mucho más cobarde para la lucha del día siguiente. Las pesadillas de la noche proceden, ordinariamente, del influjo alborotador de la ira. Y nada hace al hombre tan dispuesto para cesar en la lucha como el no poder controlar sus emociones» (Evagrius, *Prak*, 21).

Cuando la ira infecta el subconsciente, uno pierde el control sobre sí y queda a merced de su ira. Esta le desgarra. Prestar atención por la noche a la propia ira y eliminarla en la oración delante de Dios no es, pues, una exigencia ante todo moral, sino más bien psicológica, que favorece la salud del alma y del cuerpo.

En un retiro sacerdotal, no pocos clérigos se lamentaban de que, por la noche, se sentían irritados y frustrados por algunas reuniones, y que luego no tenían ya ganas de lectura ni de meditación. En lugar de esto, intentaban apagar su insatisfacción comiendo, bebiendo y viendo la televisión. Pero con eso solo conseguían que tales sentimientos no apaciguados se fijaran aún más en ellos, se infiltraran en el subconsciente, y al siguiente día se manifestaban como una difusa insatisfacción y vacío. El distanciarnos por la noche de los sentimientos negativos nos permite estar abiertos, durante el sueño, a la asistencia salvífica de Dios.

Evagrio pone en guardia, sobre todo, acerca de no jugar con la ira: «No te abandones a esa clase de ira en la que, en tus pensamientos, riñes con aquel que te ha molestado» (*Prak*, 23). Esto oscurece nuestra alma y perturba nuestro espíritu. En cambio, sí podemos servirnos de la ira como una fuerza positiva, volviéndola contra los demonios, contra las tentaciones, contra los pensamientos que nos impiden vivir: «Podemos encorajinarnos cuando nos revolvemos contra los demonios y cuando luchamos contra los placeres» (*Prak*, 24).

El coraje es con frecuencia una fuerza importante para liberarnos de recuerdos negativos y apartar de nosotros aquellas personas que nos han hecho mal. Si nos entretenemos en la herida, damos poder sobre nosotros a quienes nos han herido. Muchos están constantemente hurgando en sus propias llagas. Ahí el coraje es una fuerza muy importante. Si yo puedo airarme contra otro, contra el que me ha herido, entonces puedo distanciarme, puedo separar los problemas del otro de los míos. El coraje es el primer paso para la liberación y la sanación.

Yo he comprobado algunas veces que mujeres que, de niñas, han sufrido acoso sexual, se sienten luego todavía culpables y no experimentan ningún coraje. Solo cuando se ponen en contacto con su rabia, logran superar esa experiencia traumática. El coraje es la fuerza para distanciarse de la experiencia traumática y alejar de sí al que nos ha herido, para ser nuevamente libres, para que el espíritu sanador de Dios pueda penetrar nuevamente.

Acerca de la *acedia*, Evagrio da dos consejos. Uno se refiere a la mansedumbre. Hemos de estar decididos a permanecer en nuestra celda y aguantar allí lo que sucede en nuestro interior: «Sencillamente, acepta lo que te trae la tentación. Sobre todo, vigila la tentación de la acedia, que es sin duda la peor de todas, aunque tiene también como consecuencia una mayor purificación del alma. Huir de tales conflictos o espantarlos vuelve al espíritu torpe, cobarde y tímido» (*Prak*, 28).

Si mantengo mi intranquilidad interior y la miro con atención, tal vez pueda descubrir lo que se agita en ella. Entonces veré que tiene también un sentido. La intranquilidad quisiera liberarme de la ilusión de que yo podría mejorarme y controlarme a mí mismo a través de la disciplina. La intranquilidad me hace ver mi impotencia. Reconciliarme con ella limpia el alma y da nueva claridad interior. En medio de mi intranquilidad experimento una paz profunda. La intranquilidad puede, en fin, llevarme también a Dios, del mismo modo que san Agustín experimentó su insatisfacción como un estímulo para buscar su descanso en Dios.

El segundo consejo se refiere a la oración: «Cuando nos tienta la acedia, es bueno dividir, con lágrimas, nuestra alma en dos partes: una que nos anima y otra a la que hay que animar. Sembramos semillas de esperanza inquebrantable en nosotros, cuando cantamos con el rey David: '¿Por qué te conturbas, alma mía, y estás tan intranquila en mí? Descansa en Dios, que yo le daré todavía gracias a mi Dios y a mi Salvador, a quien yo contemplo'» (*Prak*, 27).

Lo que aquí aconseja Evagrio es el método que él llama «antirrhético» y que ha expuesto, sobre todo, en su libro *Antirrhetikon*[1]. Este método es una ayuda no solamente en el caso de la acedia, sino en cualquier situación. Contra cualquier pensamiento que pueda hacernos daño y alejarnos de la libertad, del amor y de la vida, Evagrio presenta unas palabras de la Sagrada Escritura. Así, el que tiene constantemente ante su conciencia los pecados de su juventud y piensa que en él todo va mal, puede repetir estas palabras de 2 Cor 5, 17: «El que está en Cristo es una nueva criatura. Lo viejo ha pasado. Mira, ahora es algo nuevo». Tales palabras van cambiando poco a poco nuestros sentimientos y nos ponen en contacto con la fuerza positiva que hay en nosotros, con el Espíritu Santo que actúa ya en nosotros, que como una fuente brota en nosotros y nos prepara para poder sacar de esa fuente.

Contra la *vanagloria*, Evagrio menciona el método del recuerdo. Hemos de recordar de dónde venimos, con qué pasiones tenemos que luchar y que no es mérito nuestro el que hayamos vencido, sino más bien de Cristo, el cual nos ha protegido en nuestra lucha. El recuerdo nos mostrará que no tenemos ninguna garantía de éxito en nuestra vida salvo cuando dejamos que actúe en nosotros la gracia de Dios. Evagrio enseña que el demonio de la soberbia y de la vanagloria aparecerán en nosotros sobre todo cuando hayamos adelantado mucho en vida ascética.

---

1. *Antirrhetikon* es una pequeña obra en la que Evagrio, recordando las tentaciones sufridas por Jesús en el desierto, recoge 487 frases de la Sagrada Escritura para rebatir al demonio en sus tentaciones. *Antirrhetikon* es una palabra griega que significa «que tiene fuerza para contradecir», «que sirve para refutar». En este caso, al demonio y a la tentación [N. del T.].

El medio más eficaz es la contemplación. Si estamos unidos a Dios por la contemplación, nos resultará indiferente lo que piensen los demás de nosotros, pues no nos definiremos por su reconocimiento o aprobación, sino que habremos encontrado nuestro fundamento en Dios.

Lo que Evagrio ha expuesto de una manera más sistemática es cómo tratar nuestros pensamientos y sentimientos. Es un tema que aparece constantemente en los dichos de los padres. Allí se dan, además, muchos otros consejos acerca de cómo conviene reaccionar a las pasiones. Los padres antiguos nos aconsejan constantemente que nos ocupemos de nuestras pasiones y nos familiaricemos con ellas. El diálogo con nuestras pasiones puede mostrarnos la fuerza positiva que hay en ellas y cómo podría ser integrada en nuestra vida. Dos dichos de los padres, ambos del abad Poimén, nos lo indicarán:

«Un hermano vino donde el anciano padre Poimén y le dijo: 'Padre, tengo muchos pensamientos y estoy en peligro'. El anciano lo sacó afuera y le dijo: 'Extiende tu capa y detén el viento'. Él respondió: 'No puedo'. Entonces el anciano prosiguió: 'Si no puedes esto, tampoco puedes impedir los pensamientos que te vienen. Tu tarea es resistirlos'» (Apo, 602). En este hecho se ve claramente que no podemos impedir nuestros pensamientos. No somos responsables de que nos vengan, sino solo de cómo nos comportamos con ellos. Por tanto, no es malo que nos asalten. No somos nosotros los que los generamos, sino que nos vienen de fuera. En esta diferencia entre nosotros como personas y los pensamientos que se lanzan sobre nosotros radica, sobre todo, la posibilidad de manejarlos debidamente. Por eso no debemos culparnos enseguida cuando aparezcan en nosotros el odio y la envidia. Lo que conviene hacer es pensar en cómo reaccionar a ellos para que no nos dominen. No se trata de aplastarlos, sino de dialogar con ellos, como lo indica el segundo dicho:

«El abad Poimén preguntó en cierta ocasión al anciano padre José: '¿Qué debo hacer cuando se echan sobre mí las pasiones? ¿Debo resistirlas o dejarlas que entren?'. El anciano le respondió: 'Déjalas que entren y lucha contra ellas'. Él regresó al asceterio y se asentó allí. Pero, luego, vino otro de la Tebaida y contó a los hermanos: 'Yo he preguntado al abad José: Cuando me vienen las pasiones, ¿tengo que resistirlas o puedo dejarlas que entren? Y él me ha dicho: No las dejes de ningún modo que entren, échalas lejos inmediatamente'. Cuando el anciano padre Poimén oyó que el abad José había dicho esto a uno de la Tebaida, se puso en camino, se fue a él a Panópolis y le dijo: 'Padre, yo te he confiado mis pensamientos y, mira, tú me has dicho una cosa distinta que a otro de la Tebaida'. El anciano le respondió: '¿No sabes que yo te quiero?'. Él le contestó: 'Sí, lo sé'. Y el anciano prosiguió: '¿No me dices tú: háblame como a ti mismo?'. Y él le respondió: 'Sí, así es'. Entonces, prosiguió el anciano: 'Cuando vienen las pasiones y tú les das y tomas de ellas, las pasiones te hacen más cauto. Yo te he hablado a ti como a mí mismo. Pero hay otros a los que no conviene que les entren las pasiones. Estos tales necesitan alejarlas inmediatamente'» (Apo, 386).

Aquí se ve que hay dos modos diferentes de actuar con las pasiones. Uno es familiarizarse con ellas, dejarlas entrar para poder observarlas mejor. Al familiarizarme con mis pasiones, puedo descubrir la fuerza que en ellas se oculta. La pasión puede decirme, tal vez, qué nostalgia hay en ella, a dónde quisiera llevarme en realidad. Este diálogo me indica lo que no puede vivir en mí. Por ejemplo, cuando siento en mí una gran rabia, ella tiene siempre un sentido. No conduce a nada aplastarla sencillamente. Tal vez quiera decirme que he concedido a otros demasiado poder sobre mí. La rabia podría darme entonces fuerza para arrojarlos, para liberarme de ellos.

Una mujer cuyo esposo era alcohólico sentía odio, incluso le venían pensamientos de asesinar a su marido. Y se culpaba de ser muy mala persona por pensar tales cosas. Lo mismo sucede a muchos que se recriminan por sus pensamientos negativos. Los monjes son más misericordiosos. Ellos enseñan que el pensamiento no es malo, que tiene un sentido, que tengo que descubrir la fuerza que hay en él. En el sentimiento de odio contra ese marido se ocultaba este impulso: «También yo tengo derecho a vivir. Yo no me dejo arruinar». Si vivo ese impulso, no necesito odiar. El sentimiento de odio que surge en mí no es malo, es señal de alarma, de que he dado demasiado poder a otro sobre mí. Si atiendo a esa señal y actúo adecuadamente, ese sentimiento se desvanecerá; pero si lo aplasto, nunca me veré libre del odio, y me destrozará. No somos responsables de los pensamientos que nos vienen, pero sí de cómo nos comportamos con ellos.

Ahora bien, el abad José dice también que hay personas para las cuales es mejor desechar sencillamente los pensamientos y sentimientos negativos. No dejarles entrar. Si yo me doy cuenta de que pienso constantemente en quienes me han hecho mal, entonces será conveniente que aleje de mí tales pensamientos. O bien los examino detenidamente y pondero cómo debo reaccionar ante ellos. Yo trabajo sobre ellos y puedo alejarlos. Pero si aun así persisten, no tiene ya sentido pensar más en ellos. Debo cortarlos, sencillamente, alejarlos de mí. Hay personas que están obsesionadas con pensamientos de suicidio. Es preciso romper con ellos apenas aparecen. Ocuparse en ellos demasiado tiempo sería peligroso. O también hay pensamientos destructivos que uno ha examinado durante largo tiempo, pero que, a pesar de ello, vienen nuevamente. Tampoco en este caso hay ninguna razón para analizarlos de nuevo. Uno debe alejarlos de sí.

Pero ¿qué método en concreto tengo que seguir yo? Esto he de verlo yo mismo. Normalmente conviene examinar el sentimiento. Para ello, de ordinario, necesito la ayuda de otra persona con la cual poder hablar de mis sentimientos. Si aun así los pensamientos persisten, puede ser de gran ayuda el impedírselo. Pero hay también almas que, de entrada, se prohíben los pensamientos negativos y que, precisamente por eso, se atormentan más. En tal caso convendría tratar más adecuadamente con los pensamientos.

Me decía una joven madre que se sentía frecuentemente agobiada por el pensamiento de que podría matar a su hijo. Esto le venía a veces, de improviso, al asear al niño. A la pobre madre le entró pánico de que en realidad pudiera sucederle tal cosa. El prohibirse estos pensamientos no conduce a nada. Vendrían enseguida de nuevo y con fuerza. Si dialogase con su pensamiento, tal vez él le diría que debería reconciliarse con su agresividad. Como madre, piensa que a su niño debería solamente amarle, que no debería tener contra él ningún sentimiento negativo. Pero es normal que una madre sienta además de amor también agresividad. Esta tiene el sentido de que tal vez la madre no se ha identificado totalmente con el hijo, sino que busca la necesaria distancia para poder amar a la larga a ese niño. La madre debería escuchar también a su agresividad, limitarse de modo adecuado y cuidarse más de ella misma. Entonces, su relación con el hijo sería equilibrada. Pero si aplasta y oprime su agresividad, estos pensamientos incontrolados de matar al niño aparecerán de nuevo en ella con más fuerza.

El diálogo con los pensamientos ha de realizarse sobre todo con el *miedo*. También el miedo tiene un sentido y quiere decirme algo. Sin él, yo no tendría ninguna moderación, me excedería constantemente. Pero el miedo me bloquea muchas veces. Si dialogo con él, podría indicarme una actitud vital falsa. El miedo procede con frecuencia de un ideal de perfección. Siento miedo porque me censuro a mí mismo por fallar. No tengo confianza para hablar en el grupo por miedo a tartamudear o a que a los otros no les parezca bien. Me da miedo leer en público porque podría quedarme cortado. Aquí el miedo me indica siempre unas expectativas exageradas.

La causa más habitual del miedo es la soberbia. En consecuencia, el dialogar con mi miedo podría llevarme a la *humilitas*, a la humildad. Yo podría reconciliarme con mis limitaciones, con mis debilidades y mis faltas: «Yo puedo censurarme. No tengo por qué hacerlo todo bien».

También hay miedos que no indican ninguna actitud vital falsa, sino que están vinculados necesariamente a la condición humana. Tal es el miedo a la soledad, el miedo a perder algo o a alguien, el miedo a la muerte. En todo ser humano hay un cierto miedo a la muerte. En algunos incluso es terriblemente amenazador. Entonces sería importante dialogar con el miedo: «Sí, de todos modos tengo que morir». El miedo me puede ayudar a reconciliarme con la muerte, a ponerme de acuerdo con ella en que soy mortal. Si llego a la raíz del miedo, aun en medio de él puedo disfrutar de una paz profunda. El miedo se convierte en tranquilidad, libertad y paz.

Otro tipo de miedo puede venirnos cuando pensamos en nuestro trabajo, nuestra salud, nuestro matrimonio. Tenemos miedo a no ser capaces de aguantar toda la vida fielmente casados, de soportar el dolor y la enfermedad. Hoy se habla también del miedo de los jóvenes a comprometerse para siempre, pues no quieren hacerlo ni en el matrimonio ni en la vocación sacerdotal o religiosa. Aquí un apotegma nos indica otro camino: «Se cuenta de los abades Teodoro y Lucio, ambos de Ennatu, que durante cincuenta años se burlaron de sus pensamientos diciéndose a sí mismos: 'Cuando pase este invierno, nos iremos de aquí'. Luego venía el verano y se decían: 'Cuando pase el verano, nos marcharemos'. Y así se vencieron todo el tiempo estos padres inolvidables» (Apo, 298).

Muchos sienten miedo de pensar que han de vivir siempre en el mismo lugar, enseñar siempre en la misma escuela, estar vinculados para siempre a la misma familia. Entonces puede ayudar el decir sí a mi situación. Pero un sí absoluto tensa a veces demasiado y acentúa el miedo de si seré o no capaz de ello. Entonces podríamos, como esos padres antiguos de Ennatu, contentarnos con decir sí solo para el día de hoy. Hoy decimos sí. Mañana podríamos tal vez estar en otra parte. Este método lo han seguido bastantes grupos para superar sus dificultades. Los alcohólicos anónimos saben que no pueden garantizar que no volverán a beber. Ellos piden fuerza solo para pasar ese día sin alcohol. Si no lo queremos todo de una vez, sino que pedimos constantemente fuerza a Dios solo para un día, nuestra vida tendrá más éxito. Los otros pensamientos –abandonar el claustro, romper el matrimonio, volver a beber– no hay que negarlos totalmente. Uno juega incluso con ellos. Pero así les quita su fuerza. El pensamiento vendrá de todos modos. No hay ningún motivo para vencerlo totalmente. Si actuamos de una manera lúdica con ellos, los pensamientos no tendrán poder sobre nosotros. El método de esos ancianos padres nos dispensa de tener que poner de una vez para siempre ante nuestros ojos todas las consecuencias. Entramos en un camino en la esperanza de que Dios nos guía. Y miramos al siguiente tramo del camino, pero no pensamos siempre en todo el largo y difícil trayecto.

Otro método de comportarnos con nuestros pensamientos y sentimientos, con nuestras pasiones e instintos, consiste en pensar detenidamente en ellos hasta el fin, en todas sus consecuencias, y contar con ellos en nuestra programación. De esta manera podemos quitarles fuerza y, tal vez, descubrir a dónde podrían realmente llevarnos las pasiones. Con mucha frecuencia se dan, por ejemplo, fantasías sexuales por algo totalmente diferente, por el deseo de vivir, de dejarse caer, de entregarse. Si yo combato constantemente las fantasías sexuales y las aplasto, volverán de nuevo. Pero si las analizo y las siento en todas sus consecuencias, podrían convertirse en un impulso hacia la vida, sí, en un ansia de Dios.

Del abad Olimpio se cuenta que él se permitió, en todos sus detalles, el pensamiento de tener una mujer. Para ello, se hizo de barro una mujer, la miró detenidamente y se dijo a sí mismo: «'Mira, esta es tu mujer. Ahora tienes que trabajar mucho para alimentarla'. Y trabajó con mucho empeño. Al día siguiente tomó otra vez barro, hizo de él una hija y se dijo: 'Tu mujer ha dado a luz. Ahora tienes que trabajar todavía más para poder alimentar y vestir a la niña'. Trabajó mucho y luego se dijo: 'No puedo aguantar ya más esta situación'. Y a continuación: 'Pues si no puedes aguantar esta situación, no desees tener mujer'. Dios vio su esfuerzo, hizo desaparecer esa tentación y él consiguió el descanso» (Apo, 572).

El abad Olimpio admite el deseo de acostarse con una mujer. Admite el deseo y hasta se hace una mujer de barro. Se ve abierto al deseo, pero lo confronta también con la realidad. Vivir con una mujer significa, al mismo tiempo, trabajar para ella. Tal vez este argumento nos parezca demasiado ingenuo: no tomar mujer solo por el mucho trabajo que esto supone. Lo importante es que Olimpio se libera de la necesidad de tener mujer, que no solamente se la representa en su fantasía, sino que hace una de barro y la mira realmente. No se queda en esas hermosas fantasías de acostarse y vivir con una mujer, sino que pondera también las consecuencias. Se representa toda la realidad. En este proceso, deja de ser amenazado por tal tentación. Ahora puede tratar ya con ella.

El problema de los solteros y las solteras es que tienden a hacerse una idea romántica del matrimonio. El que pueda o no ir al matrimonio no ha de decidirlo una idea romántica, sino la cuestión de si realmente ese es mi camino. Esto lo conozco ponderando también las consecuencias. Tal método vale no solo para los solteros. Muchos sueñan con castillos en el aire. Se sienten infelices porque la fantasía les promete un mundo mucho más hermoso. En este caso, el método del abad Olimpio sirve para poner sobre el suelo esos castillos, para confrontar la fantasía con la realidad, para ponderar todas las consecuencias. Entonces la cosa cambia. Tal método me indica lo que en mí quisiera realmente vivir, y cómo podría yo vincular ese deseo con la realidad sin tirar por la borda mi concepto de vida hasta ahora.

También puede asaltarnos el miedo a dejar la vida que ahora llevamos, a cambiar de trabajo, a hacer algo completamente distinto. Muchas veces no sirven los argumentos; el miedo sencillamente aparece de nuevo. También en este caso los padres nos indican un camino. Un anciano padre que había luchado en vano durante años contra la idea de visitar a cierto hermano, se puso a pensar en concreto sobre el modo de llegar hasta él, saludarle y hablarle. Para ello se imaginó una comida con él, la guisó, comió y bebió abundantemente, y «la lucha desapareció» (Apo, 22).

Muchos que no están satisfechos con su trabajo deberían conocer bien el oficio deseado, probarlo, para poder así volver a su ocupación habitual con nueva fuerza y alegría. Y un hombre casado que se enamora de otra mujer puede liberarse de su sueño romántico solo imaginándose en concreto cómo sería visto viviendo con tal mujer, rompiendo con todo lo que ha tenido hasta entonces y estando día tras día con ella. Si contrasta estos sueños con la realidad, si los examina detenidamente, puede despedirse de ellos.

El método «antirrhético», del que hemos hablado ya, trata también de conocer los propios pensamientos y de buscar en la Sagrada Escritura palabras de sanación que puedan curarnos de ellos. Este método de contraponer una frase de la Escritura a los malos pensamientos y sentimientos lo ha tomado también el método del denominado «pensamiento positivo». Pero en este suele parecer como si nosotros pudiéramos manipular nuestros sentimientos, como si bastara pensar en positivo para que todo se pusiera en orden.

Evagrio fundamenta el método «antirrhético» tanto con la praxis de David como con la de Jesús. Así, en una carta dice que el intelecto ha de conocer primero las engañosas tramas de los demonios. Esto es condición previa para el conocimiento de Cristo, para la contemplación. El camino va sobre la lucha contra los demonios: «Por eso debe el intelecto ser valiente contra su enemigo, como el santo rey David, que presenta palabras como de la boca de los demonios y luego va contra ellas. Cuando los demonios le dicen: '¿Cuándo morirás y se acabará tu apellido?', él les responde: 'Yo no moriré, sino que viviré y anunciaré las maravillas del Señor'. Y cuando los demonios le dicen: 'Huye y quédate por los montes con un pájaro', él les dice: 'Porque él es mi Dios y mi Salvador, el lugar de mi refugio, yo no vacilaré'. Oye, pues, las voces que se responden la una a la otra y ama la victoria, imita a David y ten cuidado de ti mismo» (*Brief*, 11).

El método de David consiste en dividir el alma en dos partes, en la que está triste y en la que está alegre, en la que está enferma y en la sana. Y luego, ambas deben entablar conversación entre sí. La parte enferma se manifiesta en expresiones negativas como «yo no puedo, nadie me quiere, nadie se preocupa de mí, en mí todo va mal». Contra estos pensamientos uno debe buscar algunas frases de la Escritura. Evagrio lo ha hecho para sus hermanos en su libro *Antirrhetikon*: «Pero porque, en la hora de la lucha, nosotros no podemos encontrar rápidamente las frases que hemos de decir contra nuestros enemigos, los odiados demonios, ya que están esparcidas por toda la Sagrada Escritura y es difícil encontrarlas, por eso, llenos de celo, hemos seleccionado frases de la Santa Biblia para que, armados con ellas, podamos perseguir con fuerza a los filisteos, resistiendo en la batalla como hombres fuertes y soldados valientes de nuestro victorioso rey Jesucristo» (*Antirrhetikon*, Prólogo).

El mismo Cristo es, para nosotros, un modelo en la lucha. Al ser tentado por el demonio, se sirvió de palabras de la Escritura contra ellos: «El mismo Señor Nuestro Jesucristo, que lo ha dado todo para salvarnos, nos ha concedido caminar sobre serpientes y escorpiones y sobre cualquier poder del mal. Y juntamente con todo su amor, nos ha trasmitido lo que él mismo hizo al ser tentado por Satanás, para que durante la batalla, cuando los demonios luchen contra nosotros y lancen contra nosotros sus dardos, nos opongamos a ellos por medio de las Sagradas Escrituras, a fin de que no prevalezcan en nosotros los malos pensamientos, y el alma no sea sometida por medio de verdaderos pecados, que la manchen y la dejen hundirse en la muerte del pecado… Porque cuando el alma no tiene el apropiado pensamiento que la ayude a responder al mal sin trabajo y rápidamente, el pecado tiene poder sobre nosotros» (*Antirrhetikon*, Prólogo).

El método «antirrhético» pide que, primero, observemos detenidamente nuestros pensamientos, que los miremos concienzudamente para ver si pueden hacernos mal o bien, si nos elevan o nos hunden, si corresponden al Espíritu de Dios o no. Evagrio describe la guerra de los pensamientos con la imagen del portero: «Sé el portero de tu corazón y no dejes entrar, sin permiso, a ningún pensamiento. A todo pensamiento, pregúntale: '¿Eres uno de los nuestros, o de nuestros enemigos?' Y si es de casa, te llenará de paz. Pero si es de los enemigos, te turbará con rabia o levantará en ti la ambición. Así son los pensamientos de los demonios» (*Brief*, 11). Evagrio se refiere a la parábola del portero en el Evangelio (Mc 13, 34s). Hemos de examinar atentamente qué clase de pensamientos quieren entrar en nuestra casa. A los de los demonios que nos hacen enfermar, que nos impiden vivir y que nos cierran a Dios, no debemos dejarlos entrar, sino expulsarlos con alguna frase de la Sagrada Escritura. Y si se hallan ya en nuestra casa, hemos de arrojarlos de ella también con la ayuda de palabras de la Escritura.

También en este método la condición previa es un examen a fondo de nosotros mismos. La reacción a los pensamientos es distinta. Aquí no tenemos ningún diálogo con ellos, preguntándoles qué es lo que querrían decirnos, qué fuerza se esconde en ellos. Nos ponemos de inmediato en contra. Este método es siempre bueno cuando vemos que los pensamientos son inútiles, que no nos llevan hacia la vida, sino que nos la dificultan. Es sobre todo apropiado cuando los pensamientos son reincidentes, cuando se deben a un estilo de vida tal como lo describe el «análisis transaccional». Esta escuela psicológica indica que muchos viven por vivir, sin más. Una joven reconoció en la terapia como su estilo de vida esto: «Todos los hombres son unos asesinos». Fácil es imaginarse que con tales ideas no se puede vivir bien. Otros dicen: «Yo soy un negado, un perdedor, todo me va mal, nunca tendré éxito».

Tales expresiones no se pueden ya analizar. Preguntar a tales pensamientos puede, tal vez, aclararnos de dónde procede todo esto, acaso de que hemos recibido constantemente de nuestros padres tales mensajes. Pero el conocimiento de su procedencia no libera de los pensamientos. Es conveniente buscar con Evagrio frases de la Sagrada Escritura que alejen de nosotros esos sentimientos negativos de vida.

Carl G. Jung dice que, en nosotros, hay siempre dos polos: miedo y confianza, amor y agresión, tristeza y gozo, fuerza y debilidad. Pero que, con frecuencia, estamos fijados en uno solo, por ejemplo, el del miedo. El miedo se manifiesta entonces en pensamientos tales como: «No puedo, tengo miedo, qué piensan los otros de mí, me culpo a mí mismo».

Yo puedo preguntar a este miedo qué es lo que quiere decirme. Pero también puedo dirigirme a él con el Salmo 118: «El Señor está conmigo, nada temo. ¿Qué podrá hacerme el hombre?». Este versículo del salmo no acabará con el miedo, pero podrá ponerme en contacto con la confianza que también hay oculta en mí. Porque en mí no hay solo miedo, hay también confianza. Las palabras de la Escritura me ponen en contacto con lo que está ya en mí y, a través de ello, puedo hacer consciente y acrecentar mi confianza. Esto relativiza el miedo. El método «antirrhético» me trae también equilibrio. Les sale al paso para que no se asienten en mí ni me determinen los pensamientos negativos.

Otro método de comportarme con mis pensamientos es consultar con otra persona. Hoy día los consultorios de los psicólogos están abarrotados, porque no nos atrevemos a hablar abiertamente con nuestros amigos acerca de nuestros sentimientos negativos, de nuestras pasiones, de nuestras debilidades y de nuestra culpa.

Muchos permanecen solos con sus pensamientos. Los aplastan, pero así y todo los pensamientos tienen tanta fuerza que, al fin, la cuerda se rompe. El hablar de los pensamientos –así lo enseñan los monjes– les quita lo peligroso y lo perturbador. Un anciano padre aconsejaba: «Cuando te veas molestado por pensamientos impuros, no los ocultes, descúbrelos inmediatamente a tu padre espiritual y destrúyelos, porque en la medida en que uno oculta sus pensamientos estos se hacen más numerosos y fuertes. Como la serpiente que sale de su escondrijo se escapa al instante, así desaparece también el pensamiento cuando se le saca de su escondrijo. Como la carcoma destruye la madera, así el mal pensamiento destroza el corazón. El que descubre sus pensamientos será curado enseguida, pero quien los oculta caerá enfermo de soberbia» (*Einreden*, 61, 23).

Aquí se comparan los malos pensamientos a un gusano que roe el corazón. Pero saquemos en la conversación el gusano, y la madera quedará sana e intacta. El corazón podrá respirar de nuevo.

8

ESTRUCTURACIÓN ESPIRITUAL
DE LA VIDA

Para los monjes es importante la forma de estructurar la vida y los ejercicios que se deben practicar. A primera vista, esto parece algo puramente externo. Pero aquí es donde en realidad se decide todo. Porque una espiritualidad sana necesita también un estilo de vida sano.

«El abad Poimén dijo: 'Tres ejercicios corporales encontramos en el anciano padre Pambo: ayuno diario hasta la noche, silencio y trabajo manual'» (Apo, 724). Mediante estos ejercicios alcanzó él su madurez espiritual. La perseverancia consecuente en estas tres cosas le transformó.

Algo parecido le enseñó también a Antonio un ángel. Estando en cierta ocasión de mal humor, preguntó al ángel qué debía hacer, y vio a otra persona parecida a él. «Estaba sentada tejiendo una cuerda. Luego se levantó y se puso a orar. Cuando terminó, se sentó de nuevo a trabajar. Y, mira, era un ángel del Señor que había sido enviado para enseñar a Antonio y darle seguridad. Porque oyó al ángel que le decía: 'Haz tú así y te salvarás'. Al oír esto, se llenó de grande alegría

y ánimo, y en tal ocupación encontró su salvación»
(Apo, 1). El claro orden del día, la sana alternancia
de orar y trabajar, de sentarse y estar de pie, de tejer
cuerdas y hacer oración es el camino para adquirir la
paz interior. Esto disipa los sentimientos negativos y
pone orden en el interior de la persona.

Del anciano padre Juan se cuenta un ejercicio distinto. Se dice que, «al regresar del trabajo de la reco-
lección o de estar con los ancianos, se tomaba tiempo
primero para orar, meditar y cantar los salmos, hasta
que su pensamiento volvía de nuevo al orden anterior»
(Apo, 350). Juan dejaba curso libre a las emociones
que habían surgido durante la conversación con los
hermanos, y se tomaba su tiempo, primero, para la
oración, para poder discernir las emociones. Si nosotros llegamos a casa con las emociones no controladas
y las saturamos con múltiples actividades, entonces
se asentarán en el subconsciente y desde ahí nos pro-
ducirán una difusa insatisfacción. Hay que poner en
orden la vida exterior e igualmente los pensamientos.
Porque, como enseñan los padres, los pensamientos
desordenados trastornan al monje y lo dejan a merced
de sus pasiones. Quien da rienda suelta a sus pensamientos y sentimientos sin ocuparse de ellos, será in-
fectado por ellos interiormente. Sin darse cuenta, se
verá dirigido por impulsos del subconsciente y perde-
rá su libertad.

De Juan se cuenta también algo semejante: «En
cierta ocasión, según se dirigía a la iglesia del asceterio, escuchó a algunos hermanos discutir y decidió
regresar a su celda. Pero antes de entrar dio tres vuel-

tas alrededor de ella. Algunos hermanos lo vieron y, como no sabían por qué lo había hecho, se acercaron a preguntárselo. Él respondió: 'Mis oídos se habían saturado de discusiones. Por eso anduve por ahí algún tiempo, para limpiarlos, a fin de poder entrar tranquilo en mi celda'» (Apo, 340). No lleva a casa los pensamientos para discernirlos allí. Se libera de ellos antes de entrar. La oración fue el camino para liberarse de las emociones negativas producidas en él por los hermanos que estaban discutiendo.

Hay personas que, al regresar por la tarde del trabajo, provocan en casa muchos dramas, porque suelen traerse un caos de sentimientos negativos. Sus familias se alegran de volver a verlas, pero ellas se presentan con un montón de pensamientos del trabajo que impiden un verdadero encuentro; hablan como de paso y descargan en el hogar las tensiones que traen. Sería un buen ejercicio hacer el camino de vuelta a casa con calma, tomándose tiempo para liberarse de las emociones acumuladas en el trabajo. Así se regresaría al hogar, a la familia que espera, desintoxicado, preparado y centrado en atender a lo de casa.

Del abad Antonio se nos ha transmitido esto: «Si es posible, el monje debe decir con confianza a los padres ancianos cuántos pasos da o cuánta agua bebe en su celda, para estar seguro de no pecar» (Miller, 40). La organización externa de la vida es para los monjes muy importante. En esto reconocen si uno está sano o no, si busca verdaderamente a Dios o si se busca únicamente a sí mismo. El orden exterior pone al monje interiormente en orden. Esto purifica sus pensamientos y sus sentimientos, y hace espacio para ser también interiormente claro y trasparente.

La espiritualidad de los monjes antiguos ayuda a conformar la vida. Hoy corremos el peligro de escribir mucho sobre espiritualidad, pero ella apenas nos afecta en la vida concreta de cada día, no tiene fuerza para marcarla. Estando una noche en una casa parroquial, durante la cena, el párroco no tuvo otra ocurrencia que encender la televisión. Yo pensé: «Mañana podrá predicar lo que quiera, pero cuando la vida no es concorde, tampoco lo será la predicación. La espiritualidad no valdrá para nada».

La espiritualidad de los monjes ha hecho una cultura de la vida. Ella nos invita a impregnar nuestro vivir cotidiano de espiritualidad, a fomentar una cultura de vida espiritual que aparezca también exteriormente.

El camino para una cultura de vida espiritual era siempre para los monjes el ejercicio concreto. Cuando los jóvenes preguntaban por el camino para llegar a ser monjes de verdad, los ancianos padres solían darles tres consejos. «Un hermano que vivía con otros hermanos preguntó al anciano padre Besarión: '¿Qué tengo que hacer?'. El anciano le contestó: 'Guarda silencio y no te metas en asuntos de otros'» (Apo, 165). El silencio y no compararse con otros era para los monjes un ejercicio suficiente. Si se practica, se purifican los pensamientos y sentimientos. Por ese camino se va directamente a Dios.

Antonio nos enseña otro ejercicio: «El anciano padre Pambo preguntó al anciano padre Antonio: '¿Qué he de hacer?'. El anciano le respondió: 'No edifiques sobre tu propia santidad, no te permitas lamentar nada ya pasado y ejercita la continencia de la lengua y del vientre'» (Apo, 6). Una vez más, los ejercicios que Antonio propone a Pambo son bien concretos. No se trata de ninguna estructura complicada de pensamientos espirituales, sino de orientar las tareas prácticas de la vida para introducirse en el secreto de Dios y en el secreto del hombre.

Junto a esta continencia de la lengua y del vientre, junto al silencio y el ayuno, está también la humildad, que en muchos otros dichos de los padres se describe como la vía regia hacia Dios. Para los monjes, la humildad es «la mayor virtud, pues ella permite al hombre salir salvo del abismo, aunque sea pecador como un demonio» (N 558).

El tercer ejercicio consiste en no lamentarse de nada ya pasado. En las clases sobre la confesión se me indicó repetidas veces lo importante que era arrepentirse de los pecados. Solo el que se arrepiente puede recibir perdón. Esto es cierto, pero a veces pensamos que hacemos un favor a Dios poniendo el mayor quebranto posible en este arrepentimiento, considerándonos malos e inculpándonos. Aquí da Antonio este consejo: «Lo que pasó, pasó». Sirve como un suceso pretérito, pero no debemos estar pensando constantemente sobre nuestro pasado. Esto vale también para nuestras faltas, para nuestros pecados. Tampoco hemos de estar siempre lamentándolos. Ya han pasado. Hay que mirarnos menos a nosotros mismos y a nuestro pecado, y más a Dios. «Dios es mayor que nuestro corazón y él lo conoce todo» (1 Jn 3, 20). Conoce cada una de nuestras faltas. Y que seguiremos todavía pecando. Solo esto es seguro. Pero al pecado no hemos de darle ningún poder sobre nosotros. Pues una manera de quitar fuerza al pecado consiste en dejarlo como pasado, en no volver a pensar en él. Una vez presentado y entregado a Dios, es algo ya pasado. No hay que preocuparse más de él.

En este consejo se ve una gran confianza en la gracia, en la misericordia de Dios, que conoce nuestro corazón y lo comprende.

El abad Pablo de Galacia dice de sí y de su ejercicio diario: «Por mi parte, tengo siempre en mente estas tres cosas: callar, ser humilde de espíritu y repetirme a mí mismo: 'No te preocupes por nada'» (Eth Coll, 13, 66). Aquí encontramos de nuevo el silencio que nos aconsejan los monjes, y la humildad como fundamento de nuestro ser religioso. Un padre llega incluso a decir: «Donde no hay humildad, tampoco está Dios» (Arm II 279 A). La humildad es la condición para tener experiencia de Dios. Sin humildad estamos en peligro de manipular a Dios, de someterle a nuestro pensamiento y a nuestro querer.

El tercer ejercicio consiste en la ausencia de preocupaciones. Este monje lo practica repitiéndose a sí mismo: «No te preocupes por nada». Ha de estar diciéndose constantemente estas palabras, porque, en su corazón, brotan sin cesar pensamientos de preocupaciones. Nadie está totalmente libre de ellas. Sí, Martin Heidegger decía que la preocupación es el fundamento existencial del hombre, que el hombre es esencialmente uno que se preocupa. Pero al decirme a mí mismo: «No te preocupes por nada», puedo cambiar el sentimiento y hacer crecer en mí la confianza en la cercanía de Dios. Es un modo de ejercitarse en la confianza en Dios. En absoluto es quitar importancia a las cosas o autosugestionarme. Cuento con que tengo preocupaciones, pero trato de poner en práctica, de un modo concreto, el mensaje evangélico de la confianza en Dios, que se cuida de nosotros. Por eso me digo constantemente a mí mismo: «No te preocupes por nada».

Lo que muchos psicólogos modernos prescriben, esto es, que uno se diga a sí mismo palabras positivas, frases de confianza, lo han practicado siempre los monjes.

Vida espiritual también significaba, para los antiguos monjes, el arte de una vida sana. No sin razón muchos llegaron a una edad muy avanzada. Su ascesis no era negación de la vida, sino exigencia de vida. La dietética, el arte de vivir sano que para la medicina antigua era la tarea más importante, los monjes lo han aplicado a su vida espiritual. Ellos han entendido el camino espiritual como el arte de una vida sana. No se da vida sana sin un sano estilo de vida. De aquí que hayan ordenado tan cuidadosamente su día y hayan recomendado una alternancia tan sana de oración y trabajo, de vigilia y sueño, de comida y ayuno, de soledad y compañía, como la línea directriz para una vida sana. A través del orden exterior llega el monje a un orden interior. Naturalmente no se trata de algo forzado, a lo que uno se somete, sino de un sano estilo de vida que mantiene sanos al alma y al cuerpo. Este estilo de vida comprende la distribución del tiempo, la alimentación, el trabajo, la habitación y una relación de confianza con un padre anciano.

Ciertamente, hoy no podemos imitar el estilo de vida de los antiguos padres del desierto. Pero sí podemos vivir el hecho fundamental de que el orden exterior nos pone interiormente en orden, de que un estilo de vida sana hace también sana al alma.

En la historia del monacato, el estilo de vida sana ha sido descrito sobre todo por Benito. Para él, la clara estructuración de la vida, del trabajo, de la comunidad era la fuerza decisiva para la salud del hombre. Y aunque Benito proyectó su Orden solo para una comunidad pequeña, de ahí surgió un factor de orden para toda Europa. De estas pequeñas comunidades brotó una fuente de cultura para todo Occidente. Cultura es vida formada. Si yo organizo mi vida, si soy yo el que le da su forma, una forma que me corresponde y que me sirve, entonces saco gusto a la vida, tengo el sentimiento de que vivo yo, en vez de ser vivido por otros. Defino mi propio estilo en cómo me levanto, cómo comienzo el día, cómo voy al trabajo, cómo organizo las comidas, cómo concluyo el día. Un estilo de vida sano necesita un ritual sano. Si no prestamos atención a nuestro ritmo de vida, se introducen caprichosamente rituales no sanos y que nos hacen enfermar. Por ejemplo, provocan que estemos nerviosos durante el día, que devoremos el desayuno, que lleguemos siempre tarde a todas partes, etc. Los rituales sanos me ponen en orden y me procuran la satisfacción de organizar yo mismo mi vida.

Reflexionando sobre los ritos que había observado en el monte Athos, Erhart Kästner escribió: «Junto al ansia de conquistar el mundo, está en nosotros el ansia de modelarnos a nosotros según formas antiguas. En los ritos se siente el alma bien. Son sus poderosas moradas. En ellas se puede vivir... en ellas están las escudillas llenas y dispuestas, las bandejas de las ofrendas del alma. En ellas se sale y se entra; dones habituales, habituales comidas. La cabeza quiere lo nuevo, el corazón prefiere siempre lo mismo» (*Stundentrommel*, 65).

Los sanos rituales aportan a la vida confianza, protección y claridad. En y desde ellos se puede vivir, se puede estar.

9

MEDITAR CADA DÍA
SOBRE LA MUERTE

En su Regla, san Benito aconseja a los monjes que tengan todos los días ante sus ojos la muerte. Así, recoge lo que se dice en numerosas historias monacales. Los monjes viven siempre conscientes de su muerte, lo que les hace estar interiormente más vivos y presentes. El pensamiento de la muerte les libera del miedo. Un monje joven preguntó a un anciano: «'¿Por qué me entra miedo cuando voy solo de noche?'. El anciano respondió: 'Porque este mundo tiene todavía valor para ti'» (Bu II, 190). El pensamiento de la muerte nos quita el miedo, porque dejamos de depender del mundo, de nuestra salud y de nuestra vida; nos permite vivir conscientemente cada momento, sentir que la vida es un don y disfrutar diariamente de él.

Muchos dichos de los monjes rezuman una profunda nostalgia de la muerte. Pero tal anhelo de morir para estar con el Señor les infunde «una alegría sorprendente. Le preguntaron a uno: '¿Cómo es que nunca estás deprimido?'. Y él contestó: 'Porque cada día espero la muerte'. Otro dijo: 'El que tiene siempre ante sus ojos la muerte, supera fácilmente la tristeza y las estrecheces del alma'» (Ranke-Heinemann, 30). Así, el ejercicio de contemplar cada día la muerte responde al deseo de «estar con el Señor en el paraíso» (*ibid.*, 41).

A esta nostalgia se vincula también, en los monjes, una marcada expectación de la parusía. En ellos se enciende de nuevo la vigilia de la espera de la primitiva Iglesia. Rufino escribe que «los monjes aguardaban la venida de Cristo como los niños a su padre, o un ejército a su rey, o un buen servidor a su señor y libertador. Y en otro lugar: Ellos no querían preocuparse ya del vestido ni de la comida, sino solo esperar con himnos la parusía de Cristo» (Ranke-Heinemann, 32). La alegría que apreciamos en muchos monjes tiene sin duda relación con la expectación de la parusía. Por eso Evagrio llama al monje «águila que vuela alto» (*Gedanken*, 51). El monje, porque aguarda al Señor, se libera de preocupaciones terrenas, de juicios y de expectativas de los hombres. La alegre naturalidad, la libertad, la confianza y la apertura para cada instante, marcan al monje que espera con ansia al Señor.

Muchos dichos de los padres enseñan que, primero, tenemos que morir al mundo a fin de estar preparados para la tarea que el mundo nos pide: «Un hermano preguntó al anciano padre Moisés: 'Yo veo ante mí una tarea y tengo la sensación de que no la puedo cumplir'. Entonces el anciano le dijo: 'Si no te haces un cadáver como los que están en la tumba, no podrás nunca cumplirla'» (Apo, 505).

Si yo me identifico completamente con una tarea, si hago que mi propio sentimiento de valor dependa de si puedo cumplirla o no, entonces seré finalmente incapaz de superar esa circunstancia. Tal fijación me bloquea. No soy libre para empeñarme en esa tarea, porque debo hacerla necesariamente bien. El miedo a fallar me impide cumplirla debidamente. Morir significa dejar de identificarme con mi tarea. Únicamente así soy libre para realizarla bien, ya que entonces no depende todo de cómo la realizo. Morir al mundo, esto es, imaginarme que estoy en la tumba, expresa lo que la psicología transpersonal denomina «desidentificación». Yo miro a mis pensamientos y sentimientos, pero no me identifico con ellos. Miro a la tarea que tengo que realizar, pero no me identifico con ella. En otro sentido, tengo la tarea, pero no soy esa tarea. Tengo ira, pero no soy mi ira.

La psicosíntesis de Roberto Assagioli ha desarrollado el método conocido como «desidentificación». Yo miro a mis pensamientos y sentimientos; por ejemplo, mi miedo. Siento miedo, pero luego voy más allá de ese miedo, al testimonio inmutable, a mi ser intacto. Este núcleo interno (el espiritual-yo-mismo, como lo llama Assagioli) está intacto del miedo y de los sentimientos que me marcan en mi campo emocional. La desidentificación me libera de la tensión de tener que realizar la tarea perfectamente. Para la psicología transpersonal, la desidentificación es la verdadera terapia. Mientras nos identifiquemos con un problema, este será nuestro problema. Solo seremos libres cuando dejemos de identificarnos con él. «La desidentificación del ego, en la que el monje reconoce su verdadero ser, es, en la psicoterapia transpersonal, la condición más importante para su liberación» (Walsh, 187).

El método de la desidentificación aparece también claramente en otro dicho de los padres: «Un hermano vino al anciano padre Macario, el egipcio, y le dijo: 'Padre, ¿cómo puedo alcanzar la salvación?'. El anciano le respondió: 'Mira, vete al cementerio y menosprecia a los muertos'. El hermano fue, menospreció y tiró piedras a los muertos. Luego regresó y se lo contó al anciano. Este le preguntó: '¿No te han dicho nada?'. Él le respondió: 'No'. Entonces continuó el anciano: 'Vete mañana otra vez y alábalos'. El hermano fue, les alabó y les dijo: '¡Apóstoles, santos, justos!'. Volvió luego al anciano y se lo contó: 'Ya les he alabado'. Y el anciano le preguntó: '¿No te han dicho nada?'. El hermano le contestó: 'No'. Entonces le dio la siguiente enseñanza: 'Ya ves cuánto les has vituperado y no te han dicho nada. Y cuánto les has alabado, y tampoco te han respondido. Así tienes que ser tú si quieres alcanzar la salvación. Sé como un cadáver, no prestes atención ni a lo malo que digan de ti los hombres ni a sus alabanzas. Como los muertos. Y así serás salvado'» (Apo, 476).

A primera vista este método parece algo macabro. Como si nosotros tuviéramos que ser tan insensibles como los muertos. En realidad, sin embargo, de lo que se trata es de hacernos traspasar la barrera de la identificación con la alabanza y con el vituperio, de practicar la desidentificación. Nuestra vida tendrá éxito solo si nos hacemos totalmente independientes. De otro modo, no estaremos nunca en nosotros mismos. Aquí es interesante que, primero, hemos de liberarnos de los sentimientos de alabanza y de censura.

Solo entonces el hermano joven verá que, en el plano de sus sentimientos, no puede encontrar el camino para el éxito de su vida.

Ser como muertos no significa no tener sentimientos, sino poner en práctica el bautismo: morir al mundo. El mundo, esto es, los hombres con sus expectativas y con sus máximas, con sus baremos y sus juicios, no tiene ningún poder sobre nosotros, que no nos identificamos ya con él. Vivimos al otro lado, más allá del umbral. Vivimos en una realidad espiritual sobre la que el mundo no tiene ningún poder. Esto es lo que nos hace libres. Pero si nos preocupamos de ser alabados, nunca quedaremos satisfechos, porque seremos insaciables en nuestra ansia de alabanza.

Macario tampoco nos aconseja que prescindamos por completo de nuestra necesidad de ser alabados. No lo podemos hacer. Lo que sí hay que hacer es no identificarnos con la alabanza o la censura de los demás. Hemos de experimentar que, en nosotros, hay una realidad diferente, que tenemos una dignidad divina que está siempre ahí, tanto si los demás nos alaban como si nos vituperan. Solamente la experiencia de esta dignidad divina nos hará libres respecto a la alabanza o a la censura. No es, por tanto, renunciar a algo, lo que nosotros hacemos con mucho trabajo; se trata más bien de la expresión de una experiencia interior.

Tenemos que estar muertos sobre todo con relación a nuestro prójimo. «El anciano padre Poimén contaba: Un hermano preguntó al anciano padre Moisés cómo puede uno morir con relación al prójimo. El anciano le respondió: 'Si en su corazón uno no se siente como el que lleva ya tres días en la tumba, jamás alcanzará esta actitud espiritual'» (Apo, 506).

Del abad Moisés se conserva este texto: «El hombre ha de estar muerto a los demás, para no juzgarlos en nada» (Apo, 508). Estar muerto al prójimo significa, ante todo, renunciar a juzgar sobre él; yo no tengo ningún derecho a juzgar a otro. Estar muerto al prójimo puede significar también que yo me hago independiente de los problemas de los demás, que no me identifico con sus dificultades. Esto no puede significar que me desentiendo de los demás. Muchas expresiones de los monjes, en las que un padre anciano se entrega con todo su corazón al que le pregunta, le consuela y le anima, demuestran que no se trata en ellos de una dureza o falta de sentimientos, sino de un distanciamiento interior. Así, en uno de esos dichos, encontramos: «Paesios, el hermano del padre anciano Poimén, tuvo en cierta ocasión una desavenencia con otro fuera de su celda. Para el abad Poimén esto no era correcto y, así, se levantó, corrió al padre anciano Amonas y le dijo: 'Mi hermano Paesios tiene una desavenencia con otro y esto no me deja tranquilo'. El abad Amonas le respondió: 'Poimén, ¿todavía estás vivo? Pronto, métete en tu celda y di a tu corazón: Tú estás en la tumba desde hace un año'» (Apo, 576).

Poimén se identificó tanto con su hermano, que su desavenencia con otro le quitaba la paz. Hay muchos casos de los padres, en los que un anciano arregla contiendas. Pero aquí se trataba de su propio hermano. Poimén no podía ser imparcial. Por eso el abad Amonas le aconseja imaginarse que está ya desde hace un año en la tumba. Esta imaginación crea distancia con relación a su hermano. Él es responsable de sí mismo. Poimén no debe hacer suyos sus problemas.

Distanciarse del problema del otro es, para todo terapeuta, la condición para poder ayudarle. Así Poimén necesita, primero, la distancia interior respecto de su hermano. Solo entonces podrá decidir libremente si quiere ayudarle y resolver la disputa, o si le concede y le confía que él mismo resuelva su conflicto y se responsabilice de él.

Para Poimén, estar muerto con relación al otro es incluso la condición para vivir bien con él. Poimén se hizo monje junto con otros seis hermanos carnales. Después de haber tenido que huir de los mazikes que habían matado a muchos monjes, los siete se asentaron en Tenenutis. Cada mañana Anub, uno de los hermanos, le tiraba piedras a la estatua de un ídolo en un templo pagano. Por la tarde pedía perdón al ídolo. Al pedirle explicaciones Poimén, Anub le dijo: «Esto lo he hecho por vosotros. Ya veis que le he tirado piedras a la cara. ¿Ha protestado o se ha enfadado?». Poimén le respondió, naturalmente, que no. Entonces Anub le dijo: «Somos siete hermanos. Si queremos vivir juntos, hemos de ser como esa estatua: tanto si se la ofende como si se la honra, no se altera. Si no queréis ser así, mirad, hay cuatro puertas en el templo. Cada uno puede salir por la que quiera» (Apo, 138).

Los siete hermanos acataron el consejo de Anub. Así, vivieron todo el tiempo juntos en paz y tranquilos. Distanciarse de las necesidades y emociones de los demás crea una atmósfera en la que se puede convivir.

No es por falta de sentimientos, sino porque, mediante ese modo de actuar, se crea un espacio de amor y seguridad, de comprensión y libertad, en el que cada uno puede recorrer su camino sin que los otros quieran adoctrinarle sin cesar.

Estos consejos nos resultan, de entrada, extraños. Pero en último término no son más que el cumplimiento de las palabras de Jesús: «Si el grano de trigo no cae en tierra y muere, permanece solo; pero si muere, da mucho fruto. Quien se aferra a su vida, la pierde; pero el que la estima poco en este mundo, la guarda para la vida eterna» (Jn 12, 24s). Hemos de liberarnos a nosotros y a nuestra imaginación; así se nos abrirá un espacio de nuevas posibilidades. Hemos de dejar libre al hermano; así será posible una relación sana. Si en una relación uno se aferra al otro, a la larga será imposible convivir. Una relación solo perdura si uno se suelta y se libera del otro. El soltarse, enseña la psicología, es el requisito para una vida plena.

10

LA CONTEMPLACIÓN
COMO CAMINO DE SANACIÓN

El hombre no puede sanarse interiormente solo a través de la disciplina. El trato con sus pensamientos y los ejercicios concretos son una buena ayuda para acallar las pasiones y para que sea curada el alma, pero la verdadera sanación solo la realiza la contemplación. Así lo han experimentado los monjes y así lo ha descrito Evagrio Póntico.

La contemplación es la oración pura, la oración sin interrupción y más allá de los pensamientos y sentimientos, la unión con Dios. Evagrio describe la oración como el más hermoso regalo que Dios ha hecho al hombre. La dignidad del hombre reside en que puede unirse con Dios en la oración.

«¿Acaso hay algo mejor que el trato íntimo con Dios y algo más grande que vivir en su presencia? Una oración que no se interrumpe por nada es lo más alto a que puede llegar el hombre» (*Gebet*, 34). «La oración es la elevación del espíritu a Dios» (*Gebet*, 35).

En la oración el hombre ha de estar, primero, libre de sus pasiones, sobre todo de la ira y de la preocupación. Pero, luego, ha de dejar también tras de sí los piadosos pensamientos. No ha de pensar en Dios, sino estar unido a Dios. Evagrio no se cansa de escribir sobre esto: «El que uno se vea ya libre de las molestas pasiones no quiere decir que pueda también orar. Tal vez conoce los más puros pensamientos, pero se deja llevar a pensar sobre ellos y por lo tanto está lejos de Dios» (*Gebet*, 55).

«El Espíritu Santo se compadece de nuestra debilidad y viene frecuentemente a nosotros, aunque no seamos dignos de él. Si nos visita mientras hacemos oración, nos llena y nos ayuda a liberarnos de todo pensamiento y razonamiento que nos aprisiona, y así nos lleva a la oración espiritual» (*Gebet*, 62).

«Cuida de que, durante tu oración, no dependas de ninguna imaginación, sino permanece en quietud profunda. Solo entonces él, que tiene compasión del ignorante, visitará a un ser tan sin importancia como tú y te enriquecerá con el mayor de todos los dones, la oración» (*Gebet*, 69).

«Cuando realmente oras, surge en ti un profundo sentimiento de confianza. Te acompañarán los ángeles y te descubrirán el sentido de toda la creación» (*Gebet*, 80).

«La oración es hacer lo que corresponde a la dignidad del espíritu; o mejor todavía, corresponder a su más noble y propio obrar» (*Gebet*, 84).

En la contemplación, según Evagrio, entramos en un estado de la más profunda paz. Descubrimos dentro de nosotros un espacio de puro silencio. Allí habita Dios mismo. A ese espacio de descanso en nosotros lo llama Evagrio «lugar de Dios» o «visión de paz».

En una carta a un amigo escribe: «Cuando, por la gracia, el intelecto se libera de las pasiones y se desprende del hombre viejo, entonces, en el tiempo de la oración, le aparece su propio estado como un zafiro o como el color del cielo que la Escritura llama lugar de Dios, al que los antiguos vieron en el monte Sinaí. A este lugar lo llama también visión de paz, en la que uno contempla en sí esa paz que es superior a toda comprensión y que protege nuestros corazones. En un corazón limpio se marcará otro cielo, cuya contemplación es luz y cuyo lugar es espiritual, en el que, como maravilla, se contempla la visión de cuanto existe, esto es, de las cosas. Y también los santos ángeles se reúnen en torno a quienes son dignos» (*Brief*, 39).

En la oración contempla el hombre su propia luz, sí, se hace consciente de su propia naturaleza, que es toda luz, participación de la luz de Dios. En ese lugar de Dios, en el lugar de la paz, en el interior del alma, permanece todo en quietud. Allí habita solo Dios. Allí todo es santo. Allí se cierran en el amor de Dios todas las llagas que nos ha abierto la vida. Allí desaparecen todos los pensamientos contra las personas que nos han herido. Allí nuestras pasiones no tienen ya entrada. Allí tampoco pueden alcanzarnos los hombres con sus expectativas, con sus ideas, con sus juicios. Allí estaremos unidos con Dios. Allí nos sumergimos en su luz, en su paz, en su amor. Este es el objetivo del camino espiritual.

El camino espiritual de los antiguos monjes no es, por tanto, ningún camino moralizante, sino un camino místico y mistagógico que nos introduce en Dios.

Por eso, los escritos de Evagrio no rezuman fuertes tensiones, sino amor, atención y gozo en nuestra vocación a unirnos con Dios a través de la oración. En sus palabras uno percibe una gran nostalgia de Dios. Orar sin que nada nos perturbe, sin distracciones, es lo más grande que podemos realizar. A esto aspiran los monjes con todo su corazón.

«La verdadera oración hace al monje semejante al ángel, pues constantemente aspira a contemplar a su Padre que está en el cielo» (*Gebet*, 113). «Bienaventurado el espíritu que, orando sin distracciones, siente un ansia de Dios cada vez más profunda» (*Gebet*, 118).

«¿Quieres orar realmente? Pues mantente lejos de las cosas de este mundo, sea tu morada el cielo. Allí debes vivir no solo de palabra, sino también a través de obras angélicas y de un cada vez mayor conocimiento de Dios» (*Gebet*, 142).

La meta del camino espiritual es, para los monjes, la unión con el Dios trino. Evagrio la llama contemplación del Dios trino. El camino para tal contemplación lleva a la Tierra Prometida a través de la salida de Egipto –de la dependencia del pecado– y de la travesía por el desierto, donde el monje lucha contra sus pasiones. Allí experimenta la contemplación de las cosas, esto es, las ve sobre su fundamento y reconoce a Dios en todas ellas. Entonces sube a Jerusalén, que, para Evagrio, es un símbolo de la contemplación de los seres incorpóreos y espirituales. Pero el fin del camino es Sion, una imagen de la contemplación de la Trinidad. En el Dios trino llega el hombre a sí mismo. Allí reconoce él su verdadero ser.

Traduciendo a nuestro lenguaje las enseñanzas de Evagrio, esto quiere decir que la terapia más eficaz para nuestros problemas y llagas es la oración. En la oración, en la contemplación, nos vamos desidentificando de nuestros pensamientos y sentimientos. La psicología transpersonal sitúa en esta desidentificación la verdadera terapia. Mientras permanezcamos ligados a nuestros sentimientos, mientras nos hagamos dependientcs de nuestro sentirnos bien, mientras nos identifiquemos con nuestro miedo, con nuestra envidia, con nuestro enfado, con nuestra depresión, serán para nosotros duraderos aquellos problemas de los que queremos librarnos.

Únicamente cuando experimentemos que la verdadera realidad se encuentra más hondo, que Dios es la más profunda realidad, nos veremos libres de la prisión de nuestros problemas. Lo que la psicología transpersonal ha descubierto como camino para relativizar nuestros problemas y liberarnos de su poder, Evagrio lo ha formulado como consejo para la oración: «Si quieres orar de un modo perfecto, deja a un lado lo que tiene que ver con la carne para que, durante la oración, tu mirada no se vea turbada» (*Gebet*, 128). Y también: «Si te entregas a la oración, debes dejar todo lo demás que te produzca gozo. Solo entonces llegarás a la pura oración» (*Gebet*, 153).

Para la psicología transpersonal, el camino místico es también el camino en el que tienen que desembocar todas las terapias. No basta con que podamos ir mejor con nuestros problemas. Solo sanaremos de verdad cuando hayamos reconocido nuestro ser genuino, cuando hayamos experimentado, en nuestro corazón, que no sintonizamos ya con nuestras relaciones, ni con nuestros problemas, ni con nuestros miedos, sino que cada uno está en contacto con su propio ser espiritual, con la imagen intacta que Dios tiene de él. Y sobre este ser propio espiritual no tienen ningún poder las relaciones, los sentimientos, ni las pasiones.

En la oración podemos sumergirnos en ese espacio sosegado en el que ya todo está completamente sano y en el que experimentamos una profunda paz en medio de todas las heridas y enfermedades.

11

LA MANSEDUMBRE, DISTINTIVO
DE LA PERSONA ESPIRITUAL

La meta del camino espiritual no es la ascesis rigurosa, ni el ayuno continuado, ni la coherencia perfecta, sino la mansedumbre. Evagrio alaba la mansedumbre como señal de la persona espiritual. Y nos anima a ser mansos como Moisés, a quien la Escritura califica de «el más manso de los hombres» (Nm 12, 3).

«Yo os pido que nadie ponga su confianza únicamente en la continencia, pues no es posible edificar una casa con una sola piedra, ni con un solo ladrillo terminar un edificio. Un asceta colérico es un árbol seco, sin fruto en el otoño, doblemente muerto y desarraigado. El hombre irascible no verá la aurora naciente, sino que irá allí de donde no se vuelve, tierra oscura y tenebrosa, donde nunca brilla luz alguna ni se puede ver ningún viviente. La continencia somete solamente al cuerpo; la mansedumbre hace ver al intelecto» (*Brief*, 27).

Evagrio habla sin cesar de que la ascesis sola no es suficiente en el camino espiritual. Lo decisivo es la mansedumbre. Ella es la que cambia el corazón del hombre y le hace abierto a Dios.

«La continencia sola se parece a aquellas vírgenes necias que fueron excluidas del banquete de bodas, porque se les acabó el aceite y se les apagaron sus lámparas» (*Brief*, 28). Y también: «Aquel que se priva de la comida y de la bebida, pero en su interior se agita un enfado injustificado, se parece a un barco en medio del mar y pilotado por el demonio de la ira» (*Brief*, 56).

Evagrio reflexiona sobre la mansedumbre de David y de Jesús, a quien debemos seguir: «Dime, pues, ¿por qué la Sagrada Escritura, al querer ensalzar a Moisés, deja de lado todos sus prodigios y menciona solo su mansedumbre?... La Escritura destaca únicamente que Moisés era el más manso de todos los hombres. También David, pensando en la virtud de la mansedumbre, pidió que se le hiciese digno de ella: 'Recuerda, Señor, a David y toda su mansedumbre'. Deja a un lado el que sus rodillas estaban débiles por el ayuno, que su carne, por falta de aceite, languidecía, que hacía vigilias y que era como un gorrión que revolotea alrededor del tejado, y dice: 'Recuerda, Señor, a David y toda su mansedumbre'. Que heredemos también nosotros la mansedumbre de aquel que dijo: 'Aprended de mí, que soy manso y humilde corazón', para que él nos enseñe sus caminos y nos refresque en el reino de los cielos» (*Brief*, 56).

La mansedumbre es, para Evagrio, la fuente del conocimiento de Cristo. Sin mansedumbre, por más que uno lea la Biblia y lleve una vida austera, no entenderá nunca el misterio de Cristo. Escribe a un discípulo suyo: «Sobre todo no olvides la mansedumbre

y la suavidad, que purifican al alma y acercan al conocimiento de Cristo» (*Brief*, 34).

El conocimiento de Cristo es otra expresión para
designar la contemplación. Sin mansedumbre no se da
ninguna verdadera contemplación. Escribe Evagrio a
Rufino: «Estoy convencido de que tu mansedumbre es
para ti la causa del mayor conocimiento, pues ninguna
virtud atrae tanto la sabiduría como la mansedumbre,
por la cual fue alabado Moisés, diciéndose de él que
era el más manso de todos los hombres. También yo
pido llegar a ser y a ser llamado con verdad discípulo
del Manso» (*Brief*, 36).

La mansedumbre es también señal de que hemos
entendido a Cristo y de que le seguimos.

Como se ve, esta espiritualidad es bien distinta de
la que presentaban los tratados de moral de mediados
del siglo XX. Lo que distingue la espiritualidad de
los monjes antiguos no es el rigor, ni el moralismo,
ni el miedo, sino la exhortación a la mansedumbre.
Un hombre manso atrae a muchos. No tiene que con-
vencer de la verdad de su fe a quienes profesan otra
fe. Ni siquiera necesita predicarles. Su mansedumbre
es testimonio suficiente de Cristo. Quien se encuentra
con su mansedumbre se encuentra con Cristo, le reco-
nocerá por ella.

Mansedumbre y misericordia son los criterios de
la auténtica espiritualidad. Si miramos y enjuiciamos
con estos criterios las actuales formas de piedad, re-
conoceremos fácilmente qué piedad surge del miedo
a las sombras y cuál del espíritu de Jesús. Solo cuando el hombre se hace manso y trata con misericordia

a los demás demuestra que su espiritualidad es según Cristo. Todas las demás formas pueden revestirse de espiritualidad, pero proceden del espíritu del propio miedo y de la presión de las pasiones.

Aprendamos, pues, de los antiguos monjes a desarrollar una espiritualidad que responda al verdadero espíritu de Cristo.

EPÍLOGO

Hoy en día, los dichos y los escritos de los antiguos monjes podrán parecerles a no pocos un mundo lejano y extraño. Ciertamente, no resulta sencillo entender un lenguaje tan distinto al nuestro. Pero si logramos descubrir la sabiduría que se oculta en sus palabras, a buen seguro que nos resultarán útiles. No en vano, son una mina tanto para la vida espiritual como para la psicología, que encuentra en aquellas, de alguna manera, lo que ella ha ido elaborando trabajosamente durante las últimas décadas. La diferencia con la moderna psicología estriba en que los monjes han probado en la práctica lo que enseñan, en que no desarrollan modelos teóricos, sino que reflejan «únicamente» su experiencia.

Un amigo psicólogo, que imparte cursos de formación y siempre anda buscando nuevos modelos con los que dejar fascinados a sus alumnos, me comentó en cierta ocasión: «Nosotros estudiamos constantemente nuevos métodos psicológicos y modelos para esclarecer las cosas, pero a ninguno se nos ocurre vivirlos. No tenemos tiempo para ello. Por eso me interesa tanto vuestra vida. ¿Qué sucede cuando uno vive durante tantos años según un modelo?».

Los monjes pretenden orientar en un camino que, luego, describen en concreto y con todas sus consecuencias. Pero son muy renuentes cuando les vienen personas que aspiran a construirse según su sabiduría sin estar dispuestas también a vivirla. Así, el abad Teodoro se negó a decir nada a un hermano que vino a él. Cuando un discípulo le recriminó su actitud, él respondió: «No quise hablarle, porque se da mucha importancia y se gloría de palabras raras» (Apo, 270).

Las palabras son inútiles si no se viven. Esto dice también el abad Jacob: «No basta con hablar. En nuestro tiempo hay mucha palabrería. Es preciso poner en práctica. Esto es lo que se busca, y no un hablar que no produce ningún fruto» (Apo, 398).

Lo que nosotros podemos aprender de los monjes es la *nostalgia de Dios*. La nostalgia de Dios es la que les obliga a ir al desierto para luchar contra las pasiones, y a practicar la ascesis con fidelidad. Los monjes ansían experimentar a Dios, unirse con Dios, vivir en Dios la plenitud de todo deseo. Para ellos Dios es sencillamente «la realidad». Por Dios dejan el mundo, por Dios emprenden la lucha. Han gustado ya algo de Dios y no cesan hasta encontrarle. Un padre antiguo compara al monje con un perro de caza que tiene en el paladar el regusto de la liebre y, por tanto, no cesa de perseguirla hasta que la alcanza: «El monje debe observar al perro cuando persigue la liebre. Porque así como solo el que ha visto la liebre la persigue hasta darle caza (los demás perros corren detrás de él porque lo han visto correr, pero pronto se cansan y vuelven con sus amos) y no se detiene en la carrera porque los demás dejen de correr, ni por los abismos, bosques o maleza donde se ve arañado por espinos y herido, hasta que agarra la liebre, así debe hacer también el monje que busca a Cristo el Señor: mirar constantemente a la cruz y olvidar todos los trabajos que encuentra hasta alcanzar al Crucificado» (Apo, 1148).

El fin de la lucha, de la caza, del camino es Dios. El monje no ceja hasta conseguir orar sin distracciones, hasta orientarse hacia Dios con todos sus pensamientos y sentimientos, y encontrar en Dios la plenitud de sus deseos. Cuando, como el lebrel que persigue a la liebre, tenemos en nuestro paladar el regusto de Dios, entonces no nos dejamos desanimar en nuestro camino espiritual ni por los constantes conflictos dentro de la Iglesia, ni por la difusa depresividad que marca nuestra sociedad, ni por la secularización de nuestro tiempo, en el que no se suele experimentar ningún sentimiento de Dios. No nos estimula la idea del rendimiento. Lo que nos anima en el camino hacia Dios es Dios mismo, a quien ya hemos gustado y cuyo regusto no nos deja hasta haberle encontrado.

Los padres del monacato pueden mostrarnos hoy el camino para superar los debates superficiales sobre la estructura de la Iglesia y el desgarro de la secularización. Nos invitan al camino del anhelo de Dios. Tal anhelo nos permite seguir tras la liebre a pesar de las dificultades, unirnos con Dios y esperar la venida de Cristo, «que transformará nuestro mísero cuerpo en un cuerpo glorioso como el suyo» (Flp 3, 21).

El empeño del monje nos invita, en fin, a cumplir lo que manda el Evangelio: «Orad sin cesar» (Lc 18, 1).

La gran cuestión del monje es cómo orar sin interrupción, cómo dirigir a Dios todas sus fuerzas. Con sus palabras, con sus experiencias, con las muchas luchas que han tenido, nos invitan a encaminarnos hacia Dios y a no parar hasta conseguir orar sin interrupción y, así, experimentar nuestra auténtica dignidad.

Es la voz de la primitiva Iglesia la que nos dice en los monjes: «Ora siempre, ya que solo la oración te hace persona cabal, y solo a través de ella descubres tu plena dignidad. La oración profundiza, de una manera especial, tu amor a Dios que se hará cada vez más fuerte, hasta el día en que tú mismo contemples lo que has deseado tanto en la oración» (Bamberger, 83s).

Pero el camino hacia Dios va sobre el fundamento de nuestra propia realidad. Por encima de la observación de nuestros pensamientos, sobre el trato acertado con nuestras pasiones y sobre una ascesis en la que nos ejercitamos en la apertura a Dios. La que nos enseñan los monjes es una *espiritualidad desde abajo*, una espiritualidad que tiene la valentía de contar con todo lo que hay en nosotros, también con nuestras sombras, y dirigirlo todo a Dios. Ellos nos invitan al camino de la humildad, por el que, abajándonos a nuestra realidad, ascendemos a Dios. El modelo es el mismo Jesús, que bajó del cielo para elevarnos, como hermanos suyos, a Dios. Para el apóstol Pablo este es también nuestro camino: solo el que primero desciende, puede luego ascender a Dios (Ef 4, 9s).

Iremos por ese camino si procuramos conocernos a nosotros mismos, si asumimos nuestros pensamientos, sentimientos y sueños, nuestro cuerpo y nuestra vida concreta, nuestro trabajo y nuestra relación con los demás. Solo así llegaremos a Dios, que todo lo irá transformando hasta que también en nosotros aparezca la imagen de Cristo, esa imagen según la cual hemos sido creados y que en este mundo solo puede brillar en nosotros y a través nuestro. Todo el trabajo ascético de los monjes no busca otra cosa que hacer aparecer en el mundo esta única y especial imagen de Dios.

Los monjes nos infunden hoy su optimismo para que nos trabajemos a nosotros mismos, para no desanimarnos ante nuestro carácter, nuestra formación o nuestro estatus social, para que veamos que vale la pena practicar la ascesis hasta que brille, por mí y por ti, la imagen de Dios, y hasta que resuene en nuestro mundo la genuina palabra que Dios nos dice a cada uno.

La razón fundamental por la que los monjes invitan a la ascesis es la dignidad de cada persona, formada de un modo especial por Dios y a la que él dirige personalmente su palabra. Tú y yo podemos y debemos trabajarnos a nosotros mismos, podemos hallar nuestro verdadero yo y a Dios en la oración y en la contemplación. Allí él sanará nuestras llagas más profundas y saciará el anhelo de nuestro corazón.

BIBLIOGRAFÍA UTILIZADA

Atanasio, *Leben des heiligen Antonius*, München 1917.

Bickell, G., *Ausgewählte Schriften der syrischen Kirchenväter*, Kempten 1874.

Des hl. Abtes Dorotheus Geistliche Gespräche, Kevelaer 1928.

Evagrio Póntico, *Praktikos. Über das Gebet*, Münsterschwarzach 1986.

–*Briefe aus der Wüste*, Trier 1986.

–*Über die acht Gedanken*, Würzburg 1992.

–*Antirrheticus magnus. Die grosse Widerrede*, Münsterschwarzach 1992.

Grün, A., *Geistliche Begleitung bei den Wüstenvätern*, Münsterschwarzach 1991.

Heussi, K., *Der Ursprung des Mönchtums*, Tübingen 1936.

Juan Casiano, *Spannkraft der Seele*, Freiburg 1981.

–*Aufstieg der Seele*, Freiburg 1982.

Kästner, E., *Die Stundentrommel vom Heiligen Berg Athos*, Wiesbaden 1956.

Miller, B., *Weisung der Väter*, Trier ³1986.

Ranke-Heinemann, U., *Das frühe Mönchtum. Seine Motive nach den Selbstzeugnissen*, Essen 1964.

Sartory, G. - Th. Sartory, *Lebenshilfe aus der Wüste. Die alten Mönchsväter als Therapeuten*, Freiburg 1980.

Sprüche der Väter. Apophthegmata Patrum, Graz 1963.

Walsh, R. N. - F. Vaughan, *Psychologie in der Wende*, München 1985.

Para saber más

Dichos y hechos de las mujeres del desierto, Salamanca 2024.
La filocalia de la oración de Jesús, Salamanca [5]2023.
Relatos de un peregrino ruso, Salamanca [6]2018.
Archimandrita Sofronio, *Ver a Dios como él es. Autobiografía espiritual*, Salamanca 2002.
–*La oración, experiencia de eternidad*, Salamanca 2009.
–*Escritos de san Silvano el Athonita*, Salamanca 2011.
–*Vida y enseñanza de san Silvano*, Salamanca 2014.
Archimandrita Spiridón, *Recuerdos de un misionero en Siberia*, Salamanca 2003.
Atanasio de Alejandría, *Vida de Antonio*, Madrid 2013.
Benito de Nursia, *Regla de los monjes*, Salamanca 2006.
Bianchi, E., *Palabras de la vida interior*, Salamanca 2006.
De Waal, E., *Buscando a Dios*, Salamanca 2006.
Florenski, P., *La sal de la tierra*, Salamanca 2005.
Grün, A., *Portarse bien con uno mismo*, Salamanca [11]2019.
–*No te hagas daño a ti mismo*, Salamanca [7]2016.
–*Cincuenta ángeles para acompañar el año*, Salamanca [6]2010.
Isaac de Nínive, *El don de la humildad*, Salamanca [3]2020.
–*Discursos espirituales. Primera colección*, Salamanca 2023; *Segunda colección*, Salamanca, 2024.
Juan Casiano, *Conversaciones sobre la oración*, Salamanca [2]2023; *Conversaciones para iniciarse en la vida espiritual*, Salamanca 2016.
Juan Clímaco, *Escala espiritual*, Salamanca 1998.
Larchet, J. C., *Terapéutica de las enfermedades espirituales*, Salamanca [4]2024.
Louf, A., *Iniciación a la vida espiritual*, Salamanca [2]2018.
Matta el Meskin, *Tenéis que nacer de lo alto. La nueva creación del hombre*, Salamanca 2012.
Serafín de Sarov, *Conversaciones sobre el Espíritu Santo*, Salamanca 2016.
Zelinski, V., *Revélame tu rostro, Señor*, Salamanca 2013.

ÍNDICE DE NOMBRES